幼儿园的男教师

YOUERYUAN DE NANJIAOSHI

董文明 主编

浙江教育出版社·杭州

序 言

幼儿园男教师，是指在幼儿园中从事教学、管理、科研工作的男性教师。幼儿园男教师在幼儿教育事业中具有不可替代的独特作用。研究显示，从促进儿童发展角度看，幼儿园男教师对培养幼儿形成正确的性别认同意义重大；幼儿园男教师独有的气质能对缺乏父爱的幼儿起到性别补偿作用；幼儿园男教师身上有着幼儿需要的不同于女教师的生命信息、情感信息、意志信息，从而能在幼儿的生命成长中融入更为完整的性格因子与气质因子，最终促进幼儿自由、和谐、全面发展。从促进学前教育事业发展角度看，幼儿园男教师的存在，能有效纠正"女性更适合教养孩子"的社会传统观念，可使幼儿教育工作更生动活泼；增加幼儿园男教师，也有利于性别平等教育环境的创建，对树立积极的性别角色榜样有正向促进作用。

但限于历史或现实原因，幼儿园男教师一直是幼儿园教师队伍中的"少数群体"。据《中国教育统计年鉴2021》显示，男性幼儿园专任教师只占幼儿园专任教师总数的2.2%。可以说，幼儿园男教师在整个幼儿教育系统中尚未得到应有的重视。

基于上述原因，本书的编纂具有特别的时代意义。据我所知，本书是我国第一部全面反映幼儿园男教师职场生活的故事集，它将镜头聚焦于中国幼儿园男教师的职场生存状态与鲜活感受，力图清晰、真实地构筑"中国男幼师"群像，以激起全社会对这一独立而独特的群体的关注、关心与支持，从而更好地促进学前教育事业的高质量发展。

本书收录了浙江省各地区和我国其他多个省份（包括香港特别行政区）幼儿园男教师的纪实故事，涵盖了幼儿园教学、科研、管理各个岗位。书中一个个细小入微的感人故事，全面展现了这一特殊群体在职业生涯和日常生活中的热爱与向往、奉献与执着、责任与梦想。通读本书，让我们看到幼儿园男教师在享受职业成就的同时，也面临着巨大的职业困境与生存压力。一个个故事，鲜活感人，精彩好读。尤其值得指出的是，本书既是群像式的俯瞰，更是个案式的深描，为"中国男幼师"主题提供了丰富生动的案例，可为相关研究提供不可多得的样本。

本书的倡议，来自一位我多年的好友方义先生。方义2003年毕业于浙江师范大学杭州幼儿师范学院，他曾是幼儿园男教师，后又一直为幼儿教育事业耕耘奉献。他始终心系幼儿园男教师的酸甜苦辣，发愿要为幼儿园男教师鼓与呼，于是写下自己的故事，并邀请自己的老师董文明先生担任主编，杨勇老师和张恒老师担任副主编，广泛收集全国幼儿园男教师的故事，历时三年，终于汇集成书，并邀请浙江师范大学杭州幼儿师范学院原院长张昭济先生题写了书名。

我为这样的倡议喝彩，更为男教师的故事所感动，方义请我作序，我欣然允诺，并祝中国幼儿园男教师事业蒸蒸日上！

伍新春
北京师范大学心理学部二级教授
中国心理学会常务理事

目 录

以爱育爱，我与幼教的这些年 ··1

从"体育教师"到"幼儿园体育教师" ·······································8

奋斗是青春最亮丽的底色 ···13

三转三得：幼教生涯中的篮球梦 ··18

"向阳"而生 ··22

三有教师：做孩子成长的灯塔 ··26

幼儿园的英语老师J ···30

是良师，亦是益友 ··33

心怀热爱　共赴星海 ··38

阳光，让成长更给力 ··41

不忘初心，逐梦前行 ··45

凡有成者，必有坚忍之志 ···50

一路向阳　追逐梦想 ··54

深耕幼教事业　谱写绚丽华章 ··58

坚定信仰，莫负嘱托 ··64

在幼儿园中，成为耀眼的"宝藏男孩" ·····································67

心在一职，其职必举 ··72

一缕阳光折射别样风景 ··78

共融　共生　共长 ··82

一名幼儿园男教师的担当…………………………………87

守望幼教　守望青春………………………………………93

特别的爱，给特别的你……………………………………97

幼儿园里的"超级爸爸"……………………………………103

一名幼儿园男教师的成长故事……………………………107

风雨过后是晴天……………………………………………112

幼儿园的"熊猫"……………………………………………115

"男"能可贵　绽放别样风采………………………………120

教育筑梦，十年初心坚守…………………………………124

守护"童心"承诺　走向美丽远方…………………………128

幸福成长的幼儿园男教师…………………………………132

幼儿园的风景………………………………………………137

做一名农村优质幼教的领路人……………………………144

我"家"的故事………………………………………………149

一个幼儿园男教师的十年…………………………………153

"筝"爱童心，乐伴童行……………………………………159

筑梦童年，温暖相遇………………………………………163

爱我所爱　尽我所能………………………………………168

"男"上加难？其实不难……………………………………171

拂云百丈青松柯，纵使秋风无奈何………………………176

越努力越幸运………………………………………………181

让好玩的科学陪伴孩子成长………………………………184

幼儿园男教师的故事………………………………………187

与水墨结缘，与工大结缘…………………………………190

热忱从教趁年华……………………………………………195

怀揣理想的守望……200
幼儿园的校长……203
行稳致远护幼苗　进而有为育星光……206
我与学前教育的十五年……209
从台前到幕后再回台前　幼儿园男教师的十年"归真"之途……213
坚守初心　绘就匠心……219
长大后我要成为你……224
悦见更好的自己　做有故事的老师……228

以爱育爱，我与幼教的这些年

杭州童源教育科技有限公司　方义

德国存在主义哲学家卡尔·西奥多·雅斯贝尔斯在《什么是教育》中有一句话："教育的本质意味着：一棵树摇动另一棵树，一朵云推动另一朵云，一个灵魂唤醒另一个灵魂。"这句话一直是我的座右铭，鼓励着我在教育的康庄大道上一路前行。

金色九月，同幼师结缘

当夏天刚刚结束，初秋像个调皮捣蛋的孩子，开始在山水间嬉戏涂鸦的时候，我进入了我的母校——浙江师范大学杭州幼儿师范学院。这是一种缘分，一种由播种到收获的金灿灿的缘分。

从严州师范学校毕业那年，杭州幼儿师范学院首次来我们学校招生，喜欢挑战新事物的我，很开心地成了其首届23位男学生中的一员。当时我对幼儿教师这个身份并不熟悉，经过学院老师们的耐心介绍，我发现这是一个充满光明和爱的职业，立刻兴致盎然。另外，学校在杭州市区，也满足了我——一个从小生活在山沟里的孩子对大城市的向往。

在杭州幼儿师范学院读书的时光，是我人生中最美好的一段时光，对我以后的发展产生了深远影响。从幼师学院毕业后，我迫不及待地想要进一步丰富自己的实践能力，于是就怀揣着理想来到了当时幼儿教育事业发展很好的广州，并在广州的幼儿园里工作了一段时间。后来又辗转回到了家乡桐庐县城，进入一所台商投资的高端民办幼儿园，成了一名专职体育教师，每天带孩子们晨间锻炼并给中大班的孩子们上体育课。当时幼儿园男教师绝对算是新鲜"事物"，所以从园长到其他同事，以及家长们都给予了我特别多的支持和帮助。我每天上班都饱含激情，活力四射，和孩子们打成一片，成了他们最喜欢的方老师。

逐梦前行，励志推动幼儿园信息化发展

幼儿园是一个洋溢着爱与热情的地方，但当时的教育条件捉襟见肘，很难将老师们和孩子们的奇思妙想转化为现实。我时常关注国内外的一些教育资讯，深受启发，知道幼儿园的信息化发展已经是大势所趋。

有一次，我翻阅《幼儿教育》杂志时看到了一则招聘广告，某教育类软件公司招聘客户经理，这犹如在平静的湖面上丢下了一颗石子，立刻在我的心里荡起了涟漪。经过几天的思考，我终于打通了招聘电话，因为这家软件公司是专门为幼儿园制作多媒体软件（课件）资源库的，与我的专业十分对口，与我的理想也不谋而合。后来的面试也很顺利，只是我要从一位老师转变为业务员，内心还是有一些顾虑，当然另一个原因就是我舍不得与我朝夕相处的孩子们和对我照顾有加的同事们。当我鼓足勇气去跟园长提出辞职的时候，园长表达了不舍但也觉得可以理解并支持，说我应该有更大的舞台和更好的发展，并且还用行动支持了我，成了我入职公司后的第一批客户之一。

入职以后，经过简单的培训学习，我被分配到宁波开拓市场。对于第

一次踏上这片土地的我而言，这里充满了挑战，好在前辈们已经开拓了部分幼儿园业务，我就一家一家地给这些幼儿园做售后，去升级我们的软件，帮助幼儿园更好地使用我们的软件。在此过程中，我逐步获得了幼儿园相关人员的信任，老会员也会把我们的业务介绍给其他的幼儿园，慢慢地，我就打开了宁波市场，越来越多的幼儿园成了我们的会员，第一年年底我就拿到了销售冠军。第二年公司准备开拓上海市场，我毅然决然地报了名，当时宁波市场已经开拓得不错了，业绩也比较稳定。鉴于我的表现优异和上海幼儿园的重要性，领导把开拓上海市场的任务又交给了我。但现实却狠狠给我上了一课，近两个月时间我连幼儿园的门都没有进去过，更别说成交订单了。那段时间我在上海的每一天都无比煎熬，常常在上海不同的幼儿园附近徘徊，但始终都无法进入。事情的转机发生在一次电话预约中，基于幼儿园发展的需要，一位园长同意与我见面，后面订单成交就顺理成章了。那时候上海的幼儿园园长常常说这么一句话："浙江人真是聪明啊，我们上海怎么没有这样的公司呢？"

经过我们不懈的努力，上海越来越多的幼儿园成了我们的用户，我们公司的知名度也在不断提高，吸引了很多幼教服务公司和我们谈合作，于是我们公司也从直销模式进入了经销商模式，同时我也从一名销售经理逐步成了公司的华东大区经理。之后的几年，随着公司业务的发展，我又陆续带领团队转战开拓华南市场、华中市场以及西南市场，在那段时间里我们公司的产品几乎就是幼儿园多媒体课件的代名词，可以说为推动我国幼儿园信息化发展立下了汗马功劳。

艰难创业，成为老师和孩子眼中的"新奇特"

到了2010年，当时我正在武汉出差，有一位上海的好友告知我南京有一家与台湾合资的公司推出了一款非常好的幼儿教育类产品，很契合我的教育理想，适合我回浙江创业。

从生活的角度考虑，自从结婚并当上爸爸以后，我觉得自己不该经常到全国各地出差了，想给家人多一些陪伴。从幼儿教育的情怀和理想角度考虑，基于所学专业，以及对当下幼儿教育发展现状和市场的研究，我开始了解这个产品，发现它确实满足了幼儿园各方面的需求。于是，我第二天就联系了这家公司，当天下午买了一张站票就赶到了南京。在交流的过程中，这家公司的总监提出，公司还没有跟个人合作的先例，让我在一周内缴纳10万元的保证金，才肯同意合作。这一夜我既兴奋又难过，兴奋的是我有创业的机会了，难过的是我去哪里变出来10万元啊！因为我刚刚买了期房，每个月不仅要还房贷还要支付房租，几乎没有存款。回杭州后，我和爱人给各自的家人都打电话凑了5万元，另外5万元是我向在杭州当幼儿园教师的同学们借来的，有些5000元，有些8000元，有些10000元。终于我在一周内凑齐了10万元，取得了杭州地区和嘉兴地区的经销权，开启了我的创业之路。

签完合同，焦虑才下眉头却上心头。我在兴奋之余，又发现一个新问题，我跑业务这么多年，几乎没有进入过杭州的幼儿园，开始有了当年开拓上海市场的感觉。另外，之前我做的产品都是软件，没有库存，现在做的产品属于手工DIY材料类，于是我和爱人租的一居室就成了我们的第一个仓库。每次进货和出货，我们俩都累得汗流浃背，双腿发软。但值得欣慰的是，我们选择的产品比较新颖好玩，大受幼儿园老师们和孩子们的喜爱，所以我们很快就打开了市场。这也给后来我们公司销售玩具积累了很好的经验，以至于后来很多幼儿园都称呼我们公司是一个销售"新奇特"的公司。

共情陪伴，静候花开

这些年，幼儿园的外在环境、硬件设施越来越好，玩具、教具也很新颖。从物质条件方面来说，孩子的学习环境以及老师的教学环境都有了明显的优化。

但我也时常反思，孩子们就一定比以前更快乐吗？老师们就一定幸福感更高吗？好像并没有。经常有老师和我抱怨，现在的家长越来越挑剔，对老师缺乏信任；抱怨老师不细心，对孩子不够耐心；等等。孩子们的感受又是怎样的呢？有一次，我在幼儿园回访玩具使用情况，偶然看到一个孩子胆怯地站在那里，老师着急地对他说："你怎么还不会拼呢，我都说了多少次了，你看其他小朋友都会了，就你不会。"说实话，这样的语言我一点都不陌生，因为自己从小听到大，以前我也是这样对待我的大儿子，甚至态度更加恶劣。我以前总觉得儿子注意力不集中，爱捣乱，不上进……直到那一刻，我看到那个胆怯又委屈的孩子，突然心里很不好受。没有孩子不愿意做得好，他现在还不会做，肯定是遇到了什么困难，如果老师了解他做不好的原因再耐心指导，他的感受肯定不一样。与之相反，当老师一味批评指责，他会紧张、害怕，甚至会否定自我。那一刻，我对那个孩子产生了共情，并开始反思我自己的家庭教育问题，只不过当时我不知道这就是共情。

我和一些关系要好的园长聊起这个话题，他们也很苦恼。不否认大部分老师都是爱孩子的，但是他们更需要懂孩子。在学校学习的儿童心理学知识太偏理论，不足以指导实践。当孩子多、事情急时，老师就会忍不住批评、指责孩子。很多优秀的教育专家、园长也在做一些课题研究和探索相关问题，但总觉得效果不明显。每一个孩子都需要被理解，但懂孩子的老师却需要手把手带、慢慢培养。

我开始有意识地关注儿童心理，因为那个孩子被批评的情形触动了我，促使我对自己孩子实施的教育进行反思，我也开始带着爱人一起参加家庭教育的学习。直到一次偶然的机会，我们引进了一个非常棒的项目，让我有能力帮助更多的孩子和老师。

2016年暑假我到北京学习，了解到北京师范大学伍新春教授发起的一个关于幼儿心理健康与社会情感能力培养的项目——共情陪伴。当我听了伍教授的讲座后，激动得如打通了任督二脉。伍教授说，随着社会经济水平的发展，人们已经从关注吃饱穿暖过渡到对精神、情感、自我实现的需求，孩子们的健康成长需要更多的尊重、理解和支持，如果父母和老师还坚持用批评指责的方式教育孩子，那么培养出来的孩子可能会出现心理问题或变得不会思考。我现在还对当时听到的例子记忆犹新：

有一只猫头鹰用积木搭高塔,失败了几次,它很难过,想要放弃,它的老师蹲下来安慰它说:"我知道这很难,在失败的时候感觉受挫很正常。"还说:"找到方法,再试一次,或许会成功。"在这个老师的陪伴下,猫头鹰从书中找到了搭高塔的方法,又试了几次后,终于成功了。

那一刻,我就像找到了知音,又想起了那个孩子的情形,原来这就叫共情陪伴。最让我兴奋的是,伍教授团队把共情陪伴的理念落地了,他们项目组申请了中国教育学会"十三五"规划的重点课题,根据3—6岁儿童发展规律和共情陪伴理念,开发了三学年六学期的课程,培养幼儿健康心理和社会情感发展能力,如自我知觉、自尊自信、自我控制、同伴交往等。

我迫不及待地把项目介绍资料发给关系要好的园长,她们的感受和我一模一样。就好像一个厨师,本来以为自己要从种一棵菜开始准备做一桌满汉全席,但突然发现有人已经帮你把所有原材料都准备好了,而且全是高端、优质、营养全面的材料。他们敦促我赶紧把项目引入杭州。

当然,这也不是一个容易的过程。因为不同于玩教具产品,儿童心理项目的要求更多。我需要组建一支具备教研和培训服务能力的团队,团队讲师需要懂儿童发展心理学,还要懂幼儿园课程。但我很明白,这是我必须干而且要干好的事情。我希望所有的家长和老师都能懂共情陪伴,让所有的孩子都能被温暖,能够用童年治愈一生。

从2017年年初将项目引进到杭州,到2019年成为浙江地区总代理,再到2023年签约了220多家幼儿园,我们组织了大概200多场省、市、县级培训研讨会,整合了一大批大学教授、各级教研员、优秀园长作为专家资源,对于这样的成绩我自己是比较满意的。我的心愿是到2027年的时候,签约园所达到500家,我很有信心达成目标。因为这个产品的优点就是"系统、专业、易操作""孩子需要,孩子喜欢;老师需要,老师喜欢",在这六年时间里,我们看到了太多孩子、老师、家庭的变化。

有这么一个案例,小班下学期,孩子们上了一节关于伤心的情绪课。聊到和好朋友分开会很难过,孩子们说,每个人都会难过,难过不会一直在，过一会儿就会好起来。他们像共情课程中的小伙伴那样，难过的时候会画画、看书、聊天，做一些自己喜欢的事情。和我同去的教研员感触特别深，她说这就是孩子们会受用一生的早期关键经验，学过共情课程的孩子，不会排斥自己的情绪但又不会沉溺其中，他们会非常自洽地用自己的方式对其加以调节，很有力量。

最重要的是，老师和孩子们互动的氛围变了。这是一个真实案例：有个孩子气呼呼地说："我就要排第一个，我就要排第一个。"老师没有指责他不好好排队还乱发脾气，而是和他共情："你特别想要第一个玩玩具，老师没有让你站第一个，你很生气是不是？"这句话看似不起眼，却很有魔力，那个孩子马上哭了起来，说："我太喜欢这个玩具了，我想第一个玩。"老师又抱了抱他："老师知道，你非常喜欢这个玩具。"等他哭一会，冷静下来后，老师又和他解释为什么要排队，并保证只要大家都排队，每个人都有机会玩，闹脾气的孩子心甘情愿地排在了队尾。

园长说，自从园所实施了共情课程，老师们就好像突然开窍了，学会了理解和倾听，不仅和孩子的关系变好了，和家长、同事的关系也更顺畅了。

有人问我，为什么在做幼儿教育事业这些年里，能不断取得不错的成绩。我也反思过这个问题，不排除勤劳、吃苦、真诚、运气这些成分加持，我觉得最关键的因素是根植于我内心的对幼儿教育的初心，读学前教育专业时每天铭记于心的儿童观——以儿童为中心，以儿童终身发展为本位。所以，我在选择产品时，会用我的专业和初心去感受和体验。

坦白而言，因为培训和服务的投入非常大，共情陪伴这个项目并没有给我带来很多经济上的收益，但却让我特别有成就感和幸福感。我们总要做一些事情，对社会、对民族真正有帮助，尽我所能，把共情的种子撒进更多幼儿园，滋养更多的孩子和家庭，我想这个社会也一定会更温暖。

从"体育教师"到"幼儿园体育教师"

浙江工业大学幼儿园　卢海飞

一、入职

我叫卢海飞，2017年毕业于武汉体育学院，在校四年里完成了专业课程的学习。我很喜欢网球，于是在大学选择了网球专项课程。2017年2月开始工作，至今已有六年，从教的点点滴滴历历在目，闭上眼睛，一幕幕清晰地在脑海中浮现。

我毕业后的第一份工作是在体育机构上班。我去不同的幼儿园上课，带曙光幼儿园的小朋友去义乌参加浙江省体育协会的幼儿足球比赛，获得"射门二等奖""团体比赛三等奖"；因篮球在幼儿园的推广度更高，此后又做了篮球教师，去千岛湖、湖州、嵊州、绍兴、苍南等多地幼儿园送教。后因出差频率太高，顾及不了家里，所以辞去了体育机构的工作。

我一直很喜欢与孩子们交流，觉得和孩子们在一起自己年轻很多，更朝气蓬勃，所以一直希望进幼儿园当一名专职体育教师。于是，我考取了幼儿园教师资格证，并荣幸地成了浙江工业大学幼儿园的一名体育教师，正式加入了幼儿园男教师的行列。

二、教学

有了在机构送教的经验，来到幼儿园上课之后，我很有自信，把原来一些有趣的体适能游戏和活动带入了课堂中，很快和幼儿打成一片。"爱玩"是孩子的天性，作为一名体育教师，尤其是一名幼儿园体育教师，我认为让课程更符合幼儿的兴趣和需求，更富有"趣味性"，让孩子们都能快乐地参与其中是很重要的。因此，我会在课堂上设计一些小游戏，通过游戏调动孩子们的兴趣，使玩中有学、学中有玩，让孩子们在各种游戏中慢慢习得新知。

教师不仅是知识、技能的"搬运工"，更应该是"研究者"，在教学过程中，必须以局内人的身份"观察"儿童，根据教学现场儿童的反应来实施教学。不得不说，作为一名男教师，"单枪匹马"地研究教学，难免会觉得"孤立无援"。然而，当我加入幼儿园的"健康研修坊"后，这个互帮互助共同研修的平台让我的教学水平得到了很大提升。每次与研修坊的骨干教师们一起研讨都能激发我的灵感，让我创设出富有情境的课程内容。我深刻地感受到：原来幼儿园的教学活动可以围绕一个有趣的故事情节展开；原来对孩子的语言要简洁、有趣，才能吸引孩子的注意力；原来示范和讲解不仅要关注正确的动作，还要对错误的动作进行及时纠正，提出新的要求……在团队的帮助下，我的教学水平获得了大幅度的提升。短短两年时间，我参加了四个学期的"健康坊"成果展示，在全园公开课展示中有幸获得了2次一等奖、1次二等奖和1次三等奖。

三、公开课

幼儿园对于男教师的专业能力的培养非常重视。我经历了工作坊的磨炼，开始接受上公开课的任务。

第一次公开课《吸尘球》让我记忆犹新。这次活动，我把一节普通的篮球课改编成与当下热点相结合的"运球垃圾分类"课。我们探索出4种运球的方法，把篮球比喻成"吸尘球"，让孩子们在短时间内学会4种不同的拍球方法，并分别运送4种"垃圾"，遇到"可回收垃圾"要开心地"前进"运送，遇到"有害垃圾"要"倒退避让"运球，"厨余垃圾"是有气味的，要远远地"侧身运球"，"其他垃圾"要蹲着运送。课堂中，有趣的情节让孩子们积极主动、不知疲倦地参与其中，氛围非常好，目标达成度很高！我也深深感受到"健康坊"团队群策群力、智慧研讨为我带来的厚重的力量，让我的教学水平不断提升。这节课后来成了幼儿园的精品课程，还多次在幼儿园承办的区级短期培训、特级教师名师工作室中亮相推广，这对我来说是莫大的鼓舞。

四、网球

我还担任网球社团指导教师，为大班幼儿提供网球技能的启蒙教育，让热爱这项运动的幼儿拥有锻炼的机会。我大学主修网球专业，而幼儿园依高校而建，正门口处刚好有两个宽阔的网球场地，可以作为很好的课程资源。刚开始园长询问我能否担任网球启蒙班的指导教师时，我是犹豫的。让6岁的孩子拿着一个非常有分量的球拍去打球，我不禁产生疑问：这能行吗？但一学期教学后，我发现孩子们的能力真的是超乎想象，经过短短半学期的教学，孩子们就能够自主发球、击球、打球并且过网了，实属非常难得。作为兴趣培养，网球社团让孩子们成长得如此之快，是我始料未及的，如果他们因此喜欢上网球这项运动，那该多么令人欣慰啊。每天早晨8：00，只要是天晴的日子，当你路过工大幼儿园的网球场时，就会看到我和一群孩子快乐地奔跑、挥拍……我希望通过网球运动培养孩子们坚毅和勇敢的品格，相信他们长大了，也不会忘记在幼儿园学习网球的这段难忘经历。

五、严父

　　作为一个3岁孩子的父亲,我对自己的孩子也有一定的教育要求。但不知为何,和带幼儿园的孩子不同,我教育儿子时似乎有些操之过急,对他说话的语气比较强硬。同事们有时会开玩笑说,我平时对幼儿园的小朋友都挺温柔的,怎么对自己的儿子这么"凶"呢?我的儿子今年上小班,我与带班老师沟通后才知道,由于我儿子的月龄偏小,比同班的孩子稚嫩些,需要更多的耐心等待他成长,要花更多的时间陪伴、倾听,了解孩子的需求再进行教育,不能操之过急。我想,面对幼儿园的孩子我都能循循善诱,耐心引导,面对自己的儿子为何不能呢?我努力尝试着慢慢改变自己对儿子的教育方法,在做一位严父的同时,努力和自己的孩子交朋友。我想,作为幼儿园男老师,应该比其他父亲更加懂孩子,懂教育,这也是这份职业带给我的特殊"优待"。

六、归属感

男教师在幼儿园是极为"小众"的群体，但我们幼儿园的男教师比例在区内算较高的。幼儿园除了每个月定期开展男教师工作坊活动外，还成立了"MT组合"教研组，让几位男教师定期进行沟通交流，这也让我们产生了强烈的归属感。此外，我们幼儿园隶属于高校，因此我有很多机会参与学校的各项群体活动，如篮球赛、运动会等。这些年工大举办的各项活动，我都积极参与，如：学校教职工运动会中我代表后勤团队参赛并取得30米折返跑团队第二名，在后勤集团消防演习竞赛中我加入的代表队获得第三名，在学校文艺演出中我参演的团体节目取得第一名，在园庆65周年及"六一"演出中我担任摇旗者……工大这个大家庭为男教师提供了广阔的展示平台，让男教师们有许多"用武之地"。

我对自己的定位是当一名优秀的幼儿园体育教师。在今后的教学工作中，我会时时刻刻以师德规范自己，用爱包容孩子，把知识传授给孩子，让孩子们在运动中锻炼体魄，塑造品格，真正达成德、智、体全面发展！

奋斗是青春最亮丽的底色

浙江省温州市第二十二幼儿园　陈占挺

在幼教群体中，陈占挺是极具辨识度的一位：接近190厘米的大高个，长着络腮胡，说起话来字正腔圆、浑厚有力……有着模特身材和播音员嗓音的他，在2013年从学前教育专业毕业后，毅然选择了做一名幼师，践行着梦想，带着孩子们一起诵读经典、培养阅读习惯、亲近图书绘本，追求以儿童为本的教育教学研究。

有人说第一次的经历总是最难忘的，作为一名男幼儿教师，在教学方面，他第一次带班，第一次磨课，第一次教研，第一次评上优质课……第一次的点点滴滴对他而言都历历在目。有人说："每个人的一生都会遇见一些人、一些事，而这些人、这些事可能会使人生发生改变，迸发火花。"正是他在这里遇见的人，成就了他一路的亮丽风景。

幼教系统的"示范生"

2013年大学毕业后，21岁的他被分配到温州市第六幼儿园，初入职场，陈占挺面临的是"男老师能不能做好幼儿教师""女孩子能不能和男老师融洽相处"等的质疑。他一心干好每一件事情，每天照顾班上的孩子们在园的衣食起居，跟他们一起玩游戏，做运动，悉心照顾有入园情绪的孩子，用男性独有的方式给他们安全感。慢慢地，孩子们回家告诉爸爸、妈妈："在幼儿园里最开心的时刻就是跟陈老师在一起。"陈占挺从一位受到刻板印象质疑的"幼儿园男教师"，到家长认可、孩子喜欢、同行钦佩的"幼教新生力量"，他始终坚持干好每一件事情，坚信行动是最好的口碑，任何小事都需要下苦功练习。2018年，陈占挺给孩子扎辫子的照片在网络上走红，各大媒体纷纷转发，靠着扎辫子，他成了一名"网红老师"。"教育的本质是一棵树摇动另一棵树，一朵云推动另一朵云，一个灵魂唤醒另一个灵魂。"陈占挺在做好自己的同时，积极带动、影响身边的人。他组织"幼教男团"参与各类学前教育活动，到高校给毕业生做宣讲。在他的影响下，更多的男青年加入幼教队伍，为温州学前教育注入阳刚之气。作为工作上的典型引领，他被评为"浙江省就业创业典型人物"。

2019年9月，他被安排去刚开园的锦华城园区，负责幼儿园的全面宣传工作。全新的工作环境、全新的工作内容，让他感受到了挑战。作为幼儿园公众号的负责人，他通过自学、请教专业编辑等方式，让图文编辑技能突飞猛进，干一行，爱一行，钻一行，精一行。在短短半年时间内，公众号的关注量和推文的阅读量大幅度提升。2020年疫情后，公众号更像是一座桥梁，成为家园沟通的纽带。作为负责人的他，在特殊时期更要发挥积极作用，充分运用教育信息技术，做好公众号的运营工作。于是，他推出适合家长、幼儿在家学习和游戏的公众号专辑，还推出由孩子、教师、家长参与演绎的音乐游戏、运动游戏、科学小实验等栏目，在视频和音频制作、公众号运营技术等方面为团队保驾护航。为了让公众号的排版更加符合幼儿教师和家长的阅读习惯，他自费购买编辑器进行美化，公众号的排版得到了大家的认可。在公众号运营过程中,他坚持"当日活动当日发"的原则,得到领导们的大力赞赏。他同时兼任温州市学前教研室、鹿城教育新闻工作的采编人员,在公众号的运营上得到了市级领导的肯定。短短半年时间,就有一篇公众号文章的浏览量达一万以上。值得骄傲的是,在他的带领下,温州市第六幼儿园连续三年以领跑者的姿态获得鹿城区"新闻宣传工作先进集体"称号。

教育教学的"排头兵"

遇见陈碧霄老师之后,他开始走上专业成长之路。陈老师让他第一次展示公开课,作为新教师的他心中又欢喜又担忧。欢喜的是幼儿园教研团队可以为他量身定制一节课,担忧的是第一次公开课的质量,他怕辜负大家对他的期望。经过两周魔鬼式特训,他终于磨出了第一节语言展示课《子儿吐吐》。此后,他原创的多个语言教学活动在浙江金华、台州、丽水等地的多个县、市、区进行公开课教学20余次,正是陈碧霄老师提供的一次次公开课教学实践的机会,让他的教学能力突飞猛进。后来他加入了陈碧霄名师工作室,才工作三年的他受到"大咖"的邀请,无比开心,也充满感激。在工作室研修的两年中,一节节课例打开了他的眼界,一个个讲座更新了他的理念,一位位名师丰富了他的知识、技能。他说:"陈老师是一位像妈妈一样的导师,这些年一直给予我光和热,只为我的成长。"

在陈碧霄老师的引荐下,2017年,他幸运地遇见了浙江省特级教师——沈颖洁老师。跟着沈老师完成两年学习后,2019年,他又被沈老师以骨干教师的身份留在工作室继续学习。沈颖洁老师身上蕴藏了很大的能量,她擅于推陈出新,喜欢别出心裁,敢于标新立异,能够独树一帜。她新颖独特的思维模式、与众不同的研修视角、敏锐通达的课程意识,使得平日里看似稀松平常的素材、约定俗成的做法、习以为常的现象,都能触发"新思"、焕发"新意"。她影响并带领着众多幼儿教师勇敢地跳出舒适圈,去寻求自我突破,去享受获取新知的快乐。遇见沈老师之后，他的幼教成长之路开启了新的篇章，发现了不一样的自己。

沈颖洁老师发掘出古诗《苔》中的教育意义，该诗句通俗易懂，适合大班幼儿去理解和感受，可以在幼儿园集体活动中开展古诗教学。于是，沈老师让他负责研磨一节古诗集体教学活动。刚开始他无从下手，只能从"儿童对这首古诗的兴趣点在哪，幼儿园古诗教学活动该怎么设计，怎样提升幼儿学习的趣味性"等问题着手与小伙伴展开一系列的讨论，他认为学习古诗一定要理解古诗的内容，了解古诗所蕴含的哲理，能有感情地朗诵古诗诗句。可是，理解古诗内容是逐字逐句地给孩子解释诗句内容吗？显然这在幼儿园是行不通的。如何让孩子理解苔生在恶劣环境中依旧能顽强生长的精神？由于生活经验的缺乏，孩子们可能很难理解。让孩子有感情地大声朗读古诗吗？诗句朗朗上口倒是非常适合诵读。在第一次试教后，沈老师提出："教师不是高高在上的传授者，而要走心、动情、入境，把孩子带入古诗词美好的境界中。"听了沈老师的点评，团队有了前进的方向，在古诗教学策略中有了新的思考：先让孩子发现古诗的美，寻找《苔》这首诗最适合孩子们理解的切入点，每一个环节都要从儿童出发；用朴实的语言让复杂的古诗词变得通俗易懂，发挥自己的朗诵优势，在课堂中用动人的朗诵把孩子们带入古诗词的意境中，真正去欣赏、感受古诗词的美。

大班古诗教学展示课《苔》成为陈占挺教学生涯中的第一个代表作，之后，他在重庆、杭州、丽水等地展开公开教学，并在《幼儿教育》上发表了课堂实录文章。从一节古诗课，到一篇古诗研磨案例，再到一篇古诗研究论文，最后将研究经验撰写成课题报告。这几年，陈占挺扎根在一线教学中，收获了沉甸甸的荣誉，如浙派名师案例评比一等奖和浙江省教学论文评比二、三等奖等等。他也渐渐收获了教科研所带来的成功感和幸福感，找到了职业价值所在——"苔花如米小，也学牡丹开"。凭借着在教科研方面的积累，陈占挺带领幼儿园团队积极参与论文撰写、课题研究，为教师个人专业发展提供建议、指明方向。同时，他也被评为鹿城区教科研先进个人、鹿城区教科研志愿团导师等。

公益活动的"先行者"

近年来，陈占挺参加微型党课比赛，荣获了浙江省微型党课比赛二等奖、温州市微型党课特等奖、鹿城区微型党课和宣讲比赛一等奖。他充分发挥微型党课"以小见大、见微知著"的特点，在幼儿园里开展红色教育宣讲。他还走出校园，走进社区、文化礼堂，紧密联系广大干部群众思想和工作实践开展宣讲活动，让人民群众听得懂、能领会、可落实，推动党的二十大精神走进基层、走进群众，被评为鹿城区优秀理论宣讲员。同时，陈占挺还积极参与社会文艺文化活动，参加温州广播电视台、温州市文化馆、温州市市民艺术团等组织的市民阅读节、文化礼堂等活动，担任主持人，进行朗诵表演，参加公益演出达100余场。他主动与温州市图书馆取得联系，与幼儿园联合开设公益绘本课，让鹿城、瓯海、龙湾、洞头等地的孩子们体验和享受专业绘本教学。他还在暑假期间积极与文成、泰顺山区的图书馆预约组织公益课，让公益绘本课开遍温州的角角落落。除此之外，他还担任中国国际合唱节、浙江省中小学生艺术节、温州市艺术节、温州市少儿文艺大赛颁奖典礼等大型比赛的晚会主持人，在一次次历练中逐渐提升专业水平，获得全国中华诵比赛金奖、浙江省推广普通话形象大使称号、浙江省经典诗文诵读大赛金奖。

教育管理的"初探者"

2023年9月，陈占挺调任温州市第二十二幼儿园副园长职务，作为鹿城区首位公办幼儿园男副园长，他深知肩上的责任和担当十分沉重。之后，他将面临浙江省一级幼儿园的评估创建工作，带领团队经历专业素养的"大考"。

虽然幼儿园男教师在教师队伍中是渺小的，但他相信通过自身的努力可以找到人生的价值，发挥自己的才能。他想做一名有教育情怀的教育工作者，因为情怀，所以坚持。在幼教工作生涯里，他还会遇见更多的人，更多的事，这里的人们与他的故事还在继续，期待新的故事……

三转三得：幼教生涯中的篮球梦

浙江省杭州市滨江区钱塘帝景幼儿园　冯光

记得毕业时导师告诉我："作为幼儿园男教师，你一定要找到适合自己的且与众不同的发展方向，这样才能让你的职业生涯发展得更好！"作为幼儿园内较为特殊的存在，幼儿园男教师确实应该找寻一种不同于女教师的职业方向。2014年8月，我带着对未来的憧憬，成了一名幼儿园男教师。

寻梦：在迷茫徘徊时初遇幼儿篮球

为了照顾身体抱恙的父母，我离开了读书时所在的城市杭州，回到了家乡绍兴。不擅长舞蹈致使我考编失利，之后，我任职于一所离家较近的乡镇幼儿园。在这所幼儿园中，我第一次体会到作为一名幼儿园教师的不易，36个新入园的孩子，懵懵懂懂中又带着调皮可爱。当孩子们接

受了一位男性作为自己的老师之后，他们对我的喜爱更加热烈，这也让我感受到作为一名幼儿园教师的幸福。

遗憾的是，入职一年后我又不得不离开这里：绍兴的非编教师工资待遇不高，而当时的入编考试需要在职教师具备五年的工作经验，这让我一度茫然不知所措。为了能获得更好的发展，我决定回到杭州，在辗转应聘两个幼儿园之后，我终于加入了滨江区钱江湾幼儿园。在这里，孩子们拍着篮球、跟着音乐节奏做早操的情景震撼到了我，幼儿篮球第一次出现在我的视野里，原来孩子们玩篮球也别有风味！一颗小小的种子便种在了我的内心深处。

品梦：在探寻摸索中品味幼儿篮球

2017年，我第一次尝试组建一支幼儿篮球队，不同于日常全班幼儿玩篮球游戏，篮球队的孩子们需要有更高的目标，此时的我也遇到了第一个难题：教给孩子们哪些篮球的玩法？依托于自身对篮球的认识以及阅读过的有关篮球的书籍，我开始了对幼儿篮球教学的摸索。从一开始带着孩子们刻板地练习每个动作，比如原地高低运球、左右交替运球等，到将技能和游戏相结合，比如传球接力、挑战极限等，再到组织开展篮球对抗赛，我和孩子们实现了教学相长，在不断调整教学形式后，我找到了更适合孩子学习篮球的方法，在不断的经验积累过程中，孩子们一个个都成了懂得合作与竞争的篮球高手！

2018年，我带领孩子们参加了浙江省幼儿体育大会，并获得了5V5对抗赛一等奖。在华蒙星篮球嘉年华活动中，孩子们一路过关斩将，甚至奔赴北京参加了全国总决赛。谁承想我的第一次首都之行竟是孩子们带给我的。不仅仅是孩子们，老师们也彻底爱上了篮球！于是，在2019年，我继续带着新一届篮球队参加了浙江省幼儿体育大会，同样获得了一等奖。

篮球这项运动有着十分神奇的魔力：平时练习时不肯传球、把队友气哭的孩子，在比赛中会为了队友一把拽开犯规的对手；平时抢不到球就会哭闹的孩子，在比赛中会拼命地拦截运球的对手；学期初多拍一会儿球便会觉得无聊的孩子，到了学期中每天碰到我就追着问："冯老师，今天打球吗？"看着孩子们的成长，我想起自己未完成的目标：我要参加考编，让篮球运动带给孩子们更多的快乐！

筑梦：在尘埃落定后创新幼儿篮球

2020年，我来到了滨江区钱塘帝景幼儿园，在领导和同事的支持和鼓励下，我逐渐克服了自身的短板——舞蹈，就像篮球队的孩子们那样从零开始，充满自信地通过了舞蹈面试，顺利地考取了编制，从此开始了对幼儿篮球新的探索！

不同于一开始的以教师教授为主的模式，我尝试了结合园本项目课程，让孩子们更自主地对篮球比赛进行探索。利用中小班时的篮球游戏激发兴趣、积累经验，在大班阶段让孩子们自发组织开展篮球比赛可行吗？试试不就知道了！

"打一场篮球赛需要什么呢？"孩子们有的说需要准备好篮球，有的说需要准备水，有的说需要准备哨子，还有的说需要准备篮球服，答案五花八门。于是，我帮助孩子们对物品进行了梳理和分组，由篮球运动员和裁判制定比赛规则和流程，由观众负责准备场地道具，很快大家便按部就班地忙活起来：篮球队长带着队员们制作规则牌、做热身运动；裁判设计记分牌、规定犯规动作；观众用矿泉水瓶制作能发出不同声响的沙锤；场地负责人用牛奶纸杯画场地线；啦啦队队长跟着音乐带着队员们跳啦啦操……最终，在家长开放日这天，孩子们以现场直播的形式为爸爸妈妈们献上了一场属于他们自己的篮球赛。这次比赛也开启了我和孩子们一起探索全新的幼儿篮球之路的征程！

"谁无暴风劲雨时，拨开云雾见月明。"这是我的大学老师给我的寄语！有幸在此分享我的经历！

"向阳"而生

浙江省宁波市石浦镇中心幼儿园　冯炯翔

如果有10位幼儿教师，相信其中9位都是女性，我则是仅有的一位男性。男教师作为幼儿园的新生师资力量，在幼儿教育中可以发挥其阳刚的特性。希望我的经历能给我的同行们一点启发，让我们在各自的岗位上发挥幼儿园男教师的优势，为学前教育事业贡献我们的力量。

小时候，我的梦想是成为一名演员，从没想过自己会走上幼儿教师的道路。当我选择了这个职业后，身边偶尔会听到这些声音："你为什么当幼儿教师？""你会不会被当作'男阿姨'呀？"……面对这些问题，我总是笑着回答："我当幼儿园男教师虽然有偶然的因素，但更多的是缘分，而且我很喜欢和单纯的孩子们在一起！"尤其当每天走进幼儿园，看到一张张天真可爱的笑脸，听到孩子们冲着我打招呼时，我感受到前所未有的喜悦与满足，顿时觉得做一名幼儿教师很自豪。我要为我选择的工作负责，"向阳"之心油然而生。

一、初窥门径——点亮"朝阳"

朝阳散发着原始生命般的光辉。刚工作那会儿，我对一切都充满好奇，当时被分配到小班当班主任，那是我第一次和这么小的孩子打交道，心怀忐忑。有家长质疑："男教师能否像女教师那样耐心地照顾孩子？"我坚信"心大于术"，于是从"笨办法"开始，用最短的时间记住了每个孩子的名字，仔细地观察他们的一日生活情况，每当家长来接送时，我都能准确地说出每个孩子的特征和闪光点。随着时间的推移，我慢慢地和孩子们打成了一片，带着他们奔跑、跳跃，抱着他们开飞机，之前悬着的心也渐渐放了下来。

我还注重幼儿在园的情绪状态。在一次课上，我请孩子们说说自己的优点，轮到我们班的"小调皮"木木时，他噘着嘴，羞涩地看着我说："老师，我好像没有优点。"听他这么说，我心中好像被雷电劈中了一样，原来，活泼外向的木木内心竟然如此自卑，我赶忙回应道："怎么会呢？老师觉得你是一个运动能力很强的孩子，你跑得比其他小朋友都快！我再请其他小朋友来说说你的优点吧！"孩子们纷纷举手发言："上次木木帮我一起抬桌子，很热心。""他送过我一个小玩具，很好玩的。"在大伙儿的鼓励下，灿烂的笑容又浮现在了木木的脸上。

《3~6岁儿童学习与发展指南》（以下简称《指南》）指出："以欣赏的态度对待幼儿。注意发现幼儿的优点，接纳他们的个体差异。"每个孩子都是不一样的个体。每一次站在孩子们面前，他们一声声的呼唤就像清晨地平线上缓缓升起的那一抹光亮，悄悄地照亮了我的心；每一次听到他们开心、爽朗的笑声，我都能坚定地向着目标大步迈进，希望成为更好的自己。孩子们喜欢我，家长们也认可我，我充满了阳光般的自信。

二、渐入佳境——共享"暖阳"

当暖阳热烈地洒满幼儿园时，一切都变得金灿灿的。2023年是我从事幼教工作的第五个年头，有感动和快乐，也有困惑与辛劳。在这一方天地里感悟教师的真谛，思索为人师者的责任。除了承担班主任的职责外，我现在还是户外健康组的组长。我经常翻看体育健康的相关书籍，在网上搜索幼儿园体育教学的视频资料，并赴温州、杭州等地进行观摩学习。我渐渐地熟悉了幼儿体育教学方法，慢慢地融入了幼儿园这个集体中。

平时我特别爱带孩子们打篮球赛。有一天，在一场比赛结束后，我和孩子们就"篮球比赛中需要遵守哪些规则"这个问题展开讨论。薇薇提出了她的困惑："投篮时需要'三步上篮'，可是'三步上篮'太难了，我不会！"旁边的孩子纷纷附和："我也不会。""我也是，老是犯规。"这时，康康提出了他的想法："可不可以改成'五步上篮'？""或者四步也可以。"于是根据孩子们的需求，我们开展了一场"规则研讨会"，孩子们通过提出要求并投票表决的方式，确定要更改的规则，我负责对新规进行记录。最后，"三步上篮""运球""双次抱球"这三个原有规则获得的票数最多，我们共同讨论，决定将原有规则分别调整为"四步上篮""跑步运球""三次抱球"。再次于球场上相遇，孩子们参与运动的兴致更高了，打球的动作更灵活、流畅了，自豪感与满足感在我内心油然而生。

《幼儿园教育指导纲要》（以下简称《纲要》）指出："用幼儿感兴趣的方式发展基本动作，提高动作的协调性、灵活性。"可见，给予孩子自由讨论的空间，基于他们的能力和感兴趣的方式制定规则，可以让他们感受到被重视与理解，师幼情感得以共鸣，形成有温度的活动氛围。尊重孩子们的需要，相信他们的能力，不轻易抹杀他们的积极性，在生活中、课堂上，我都愿意和孩子们平等共处，在一种温和宽松的环境中共同成长与发展。

现在，我每天都会带领各班的孩子们开展很多好玩的体育游戏，那些力量型、速度型、趣味型的活动于我而言有很大的发挥空间。听到身边的教师对我的评价："在健康领域活动中，炯炯老师总能带给孩子们不一样的体验。"我也经常与组员们共同讨论、分析、判断各班组织的体育活动是否符合各年龄段幼儿发展的特点，能否加入更有趣、更有挑战性的游戏项目，希望体育活动可以培养孩子良好的品质：阳刚、勇敢、坚强、无所畏惧、敢于挑战。一次次集体智慧的升华，如同冬日里的阳光温暖着我的心灵。

三、略有成就——"骄阳"似火

正午的骄阳使绿树成荫，枝繁叶茂，别有一番趣意。著名的教育家叶圣陶说过："教学有法，教无定法，贵在得法。"对幼儿园教师来说，关注幼儿个体差异，因材施教尤为重要。

为了让幼儿得到更专业、更适恰的引导，我积极参加园内外各种学习研讨活动，曾多次参加县级教师公开课、优质课比赛以及游戏案例评比。我也积极撰写教育教学论文、申报课题，曾获得《学前教育研究》杂志社组织的第一届全国幼儿园"优秀教科研"成果比赛三等奖，撰写的《玩转小材料，探索大世界》获象山县教育教学优秀论文一等奖，《一沙一水一世界——大班幼儿园沙水区游戏经验建构的初探》获象山县教育教学优秀论文二等奖等。骄阳似火，我似骄阳。一次次的学习，一次次的磨炼，在领导和同事的指导、帮助下，在集体智慧的支持下，我的专业技能取得了飞跃式的发展。

心向阳，志高远。我深知只有不断学习，充实自己，才能不断进步。在闲暇时光里，我会积极阅读各类书籍；我热爱音乐、运动，有着广泛的兴趣爱好。这几年的工作让我从青涩走向成熟，从被动学习到主动思考。虽然在日常工作、生活中会有种种不顺心，但我会让自己在挫折中"强大"起来。"天行健，君子以自强不息！"相信在我的努力下，在幼儿园男教师联盟的支持下，我们幼儿园男教师能为幼儿教育事业发挥更多的光和热！

三有教师：做孩子成长的灯塔

浙江省杭州市滨江区钱塘帝景幼儿园　傅彬

我是杭州市滨江区钱塘帝景幼儿园的一名男教师，2016年8月来到这个幼儿园，不知不觉，2023年已是我工作的第七年。想起那年高考填报志愿，我选择学前教育这个专业的初衷只是为了体验一些艺术类课程和活动。本科期间学校安排的幼儿园入园实践使我有机会与孩子们一起做游戏，每当看到孩子们能够在游戏和教学活动中有所收获，我倍感欣慰。久而久之，我慢慢意识到其实自己内心深处很喜欢和孩子们在一起，很享受孩子们带给我的快乐，于是我逐渐爱上了这个职业。

从一名学前教育专业的大学生到现在的一名班主任教师，工作的七年里，虽然遇到过挫折，但我也很充实，我收获了孩子们的爱和家长们的肯定。

一、初出茅庐——做一名有智慧的老师

记得刚进入幼儿园的那两年，老教师经常提醒我上课要有自己的特色和风采，我尝试了健康、科学、音乐等领域的教学活动，但并没有多大的起色。我分析原因在于自己对教学活动环节的组织比较松散，与孩子的互动比较随性，等等。于是，我潜心研究教学活动设计。从活动目标、活动环节两个要点入手，设计符合班级幼儿经验和能力的活动，层层递进设计环节，紧紧抓住孩子参与活动的兴趣，活动成效也逐渐显著。

后来，通过"同课异构"的活动，我意识到同样的内容，不同的教师会有不同的组织形式，能给孩子带来不一样的体验和价值，而这种体验和价值才是教师需要去深入思考和探究的。在2016年滨江区新教师教学活动展示评比中，我组织的大班音乐游戏活动"老虎和猪"获得了二等奖。

2017年，我有幸参加了滨江区头雁班培训活动，前往深圳龙岗区进行学习观摩，对当地幼儿园的"晨谈墙"设计惊叹不已。回园后，在2018年，我撰写了以"基于'晨谈墙计划'促幼儿秩序感发展的个案研究"为题的小课题方案，成功获得区内立项。

二、迎难而上——做一名有创意的老师

在随后的几年工作中，幼儿园逐渐开展以项目活动为特色的"创客"课程，项目活动成为每一位教师的"必修课"。而我也被项目活动深深地吸引了，同孩子们制作了一个又一个富有创意的项目活动。在项目中，我享受着与孩子们互动并发生思维碰撞的有趣经历，孩子们迸发出各种各样的奇思妙想，使我脑洞大开，跟着孩子们一起推进项目活动。在2020年—2021年，我在园内多次与其他教师和专家交流、分享了自己的项目活动成果，还将项目活动感悟撰写成论文，参与滨江区和杭州市的论文评选，其中，《儿童议会：助推幼儿项目活动深入开展的新模式——以光影项目"密码大闯关"为例》获得2021年滨江区教学论文评比二等奖。《融合传统文化的幼儿园STEAM活动实验研究——以大班创客活动

幼儿园的男教师

"摇摇晃晃的龙舟"为例》获得2021年度杭州STEAM教学论文评比活动三等奖。

还记得第一次做项目活动"趣玩龙舟"时，我和园内的另一位老师对于项目活动的开展过程产生了分歧，我们就教师的预设和孩子的认知在项目活动中谁占据主导地位展开激烈的讨论，最终我们决定跟随孩子的脚步，给予适宜的支持来助推活动的展开。于我个人而言，项目就像我的孩子一般，我慢慢地从它的"出生"陪着它一点点"长大"，虽然孩子们在开展项目时会有犯错的经历，但最后他们能意识到这些问题并吸取经验，开展项目是一件富有创意并充满成就感的事情。最让我难忘的是，在这次项目开展过程中我遇到了自己一生的"知音"——后来成为我的妻子，我们共同探讨工作中的问题，分享生活中的趣闻，相互成就彼此，走得更稳、更远。2021年，上天赐予了我们一个健康可爱的宝宝，我们将她取名为"幸福"，寓意我们三人开启新的幸福生活。"幸福"的成长之路时刻牵动着我们的心，从咿呀学语到蹒跚学步，我们试图接受"幸福"的不完美，也为她的成长感到自豪和骄傲，因为这才是独一无二的她呀。

此外，在2017年我园被评为围棋共建学校，我是幼儿园围棋活动的负责人。经过两年的积淀，我园围棋校队在杭州市以及滨江区的各类围棋比赛中屡创佳绩。2019年，我园获得杭州市幼儿"脑瓜儿转转"围棋展示活动团体第12名；2020年，我园获得杭州市滨江区幼儿围棋比赛"七彩阳光宝宝脑瓜儿转转"城区选拔赛团体亚军，滨江区幼儿"七彩童年"之"阳光宝宝脑瓜儿转转"展示活动团体冠军，杭州市围棋校际联赛幼儿园围棋项目组团体第3名，杭州市"七彩童年·阳光宝宝"围棋展示活动团体冠军；2021年，我园获得杭州市围棋校际联赛幼儿园围棋项目组团体第10名，杭州市"七彩童年·阳光宝宝"围棋展示活动团体第8名。目前，围棋特色活动依旧在园内如火如荼地开展和推进着，以丰富孩子们的一日生活。

三、百炼成钢——做一名有经验的老师

经过五年的锤炼，我荣升为一名班主任，班主任工作相较于之前的配班工作有了质的变化，我不仅需要协调与班里其他两位老师的关系，还要做好与家长的沟通工作。起初，我们班的保育老师因为种种原因一直找不到合适的人选，缺乏班主任经验的我十分茫然。后来，在我和搭班老师的不断磨合与努力下，班级工作慢慢地步入了正轨，三位老师的配合日渐融洽，家长对我们班三位老师工作的满意度也逐渐提高。

写到这里，我感到十分欣慰，今年是我当班主任的第二年，做孩子们喜欢的老师、做家长满意的老师一直是我的初衷。我将继续做好班级管理工作，组织好班级一日活动，开展好每一次教学活动和游戏活动，认真做好每一次家园共育活动，努力成为幼儿园的中流砥柱。在此我也非常感谢一路帮助过我的其他老师，是他们的帮助让我在钱塘帝景幼儿园这个大家庭中得到了成长和锻炼。感谢！

在幼儿园中我是一个孩子王。一路走来，我对幼儿教师这份职业从懵懵懂懂到认同、热爱，在探索职业方向的道路上从茫然无知到坚定无比，一个个阶段的突破和深化，让我对学前教育事业有了更深刻的认识和理解。我将继续做一名有智慧、有创意、有经验的"三有"教师，深耕在学前教育事业这片热土上，做孩子成长道路上的灯塔，为儿童的发展贡献自己的力量。

幼儿园的英语老师 J

香港汉迪国际幼稚园　J

I am Asian-American and I have been living in Hong Kong most of my life. I went to an international school in Hong Kong, then majored in communications in America before moving back. I started working in customer service and then eventually tried working in graphic design and video production before changing careers to teaching.

As a very musical and theatrical person, I found that I fit well in a classroom environment. I was recruited by a learning center to teach phonics at kindergartens all over Hong Kong, and then took a position as a full-time English teacher in a bilingual kindergarten. I have been teaching in kindergartens ever since.

Because I do not speak Chinese, I found it difficult to compete in my previous career, which had unstable income by nature. As I gained more experience and took further education in the field of Early Childhood

Education, I found it more fulfilling than I expected and have developed a passion for teaching. Watching children develop and grow, seeing them create new memories and have new experiences, being trusted and loved, these deep connections to students affect me the most. I believe that children should experience as much as possible while their brains are developing so that they can absorb and learn to become worldly and adaptable. I love being a part of this education.

  I will continue in the field of Early Childhood Education. As I started late in comparison to my peers, I am not good at singing and dancing activities in kindergarten either. While I want to teach for many more years to come, I may have to change to a less physically demanding position in a kindergarten or school. I am also considering getting a master's degree in education to round out my education.

我是一个长期居住在香港的亚裔美国人。我中学时期就读于香港的一所国际学校，大学时期则回到美国主修传播学。毕业后，我最先从事客户服务工作，之后转到平面设计和视频制作工作，最后走上了幼儿园的英语教学之路。

作为一个音乐爱好者，我发现自己很适合课堂环境。我最开始在香港的一家学习机构教授英文拼音，两年后便一直在幼儿园担任全职英语教师。对于我转行的原因，最初是因为我不会说中文，在之前的行业里没有足够的竞争力而导致收入不稳定。随着我在幼儿教育领域不断接触孩子、获得更多的经验，并考取了教师资格证后，我发现教师行业比我预期的更充实，我也逐渐对教学产生了兴趣。我认为孩子在大脑发育的同时，应该尽可能地去感受、体验，这样他们才能真正吸收和学习适应这个世界的能力。与学生的深度连结对我产生了很大的影响，他们总是无条件地信任我和爱我。看着孩子们不断成长，看着他们不断创造新的体验和新的记忆……我喜欢参与这种教育。

我会继续在幼儿教育领域工作。由于与同龄人相比我起步较晚，而且我也不擅长幼儿园的唱跳活动，所以如果我想在未来的许多年里继续从事幼儿教育，那么我可能需要转到对体力要求较低的职位。当然，我也在考虑获得幼儿教育硕士学位以进一步完善我对学前教育的理解。

是良师，亦是益友

浙江省丽水市实验幼儿园教育集团　高德君

我，丽水市实验幼儿园教育集团天辰园的一名男教师，工作已有七个年头了，现任教幼儿园天辰园小三班，是33位可爱孩子的朋友兼老师。

一、心中有爱，静待花开

在幼儿园里，与孩子们在一起生活、交往最多的莫过于班主任，作为一名幼儿园的班主任，在孩子们的学习、生活中应该给予他们些什么呢？要真正爱上许许多多与自己没有任何血缘关系的孩子，且要爱得公平、爱得适度，是不容易的。爱是做好工作的前提，是打开幼儿心灵之窗的一把钥匙，应当让孩子们从小就有追求，有向往，有勇气，有力量，让他们沿着美好的人生旅途坚定地迈出第一步。具体地说，班主任应该给予他们情感、理念、信心和欢乐。

苏联教育家马卡连柯说过："没有爱就没有教育。"爱是理解，爱是同情，爱是尊重，爱是信任，爱是宽容，爱是鼓励，爱是奉献，爱是当好班主任的前提。小班幼儿刚入园时，总会出现哭闹现象，甚至害怕入园。孩子缺少的是安全感，是能够被爱的安全感。语言的表达固然重要，但肢体语言的作用也不容忽视，我努力让每一个孩子都感受到关怀与被爱。

　　一个合格的幼儿园教师，既是严父，又是慈母，既是教师，又是保姆，要把自己全部的爱奉献给每个孩子。在工作中我就是这样把自己的爱灌注给每一个孩子的，了解每个孩子的特点，因材施教，引导幼儿个性健康发展。刚开学时班上有一位名叫珣珣的小朋友，我连续几周观察，发现他经常把小便尿到裤子上，我觉得得给他妈妈打个电话了解具体情况。然后得知孩子的体质不大好，睡觉时还一直包着尿不湿，导致他解小便经常控制不住。我与孩子的妈妈沟通后，建议妈妈在家帮孩子戒掉尿不湿，在幼儿园我也不厌其烦地轻声提醒孩子去上厕所，维护其自尊心。经过一段时间后收效甚微，我又观察其上厕所的方式，教他正确如厕的方法，一个学期后发现他偶尔还是会将小便滴在裤子上。后来，我又想了一个办法，和他约定：如果当天他没有将小便解在裤子上就给他奖励一个大苹果贴纸，如果能坚持一周就给他奖励一个玩具。不知道是玩具的激励，还是天气逐渐变暖的缘故，他慢慢地不再尿裤子了，人也变得更加自信，入园时会主动打招呼。珣珣的妈妈十分感激地说："高老师，珣珣现在变化好大，你可为我们操了不少心，我真不知该怎么感谢你！"作为老师，我们更应言传身教，如春雨润物细无声一般，给予孩子们最真诚的爱，细心地观察、记录与孩子之间的点点滴滴，努力分享与孩子之间动人的教育小故事。

二、以心换心，以情还情

　　幼儿园班级工作的有效开展需要主班老师、配班老师以及保育员老师的相互理解和支持。有的配班老师认为："我又不是主班，我不用管那么多。"也有的配班老师觉得："我也能做（这些事），但如果我做的比主班老师多，他会不会生气呢？会不会觉得我多事，在表现自己？"其实好多事情都在于双方的理解和默契，大家互相合作才能完成得更好。任何工作中的多方合作都必须建立在相互尊重的基础上，要有合作的积极性和责任感，相互理解，相互尊重，彼此分享经验，支持对方工作，包容对方缺点，最终达成默契。

要想班级工作开展得好，首先三位老师的配合要默契。幼儿园的工作是辛苦的、琐碎的、复杂的，教师的工作又显得那么平凡。虽然工作中典型的先进事迹不多，但许多真实、朴实的故事每天就发生在我们身边。"三人行，必有我师焉。"我遇到了人生旅途中的两位好搭档，我和金老师、吴老师相处的时间虽不长，但我们在共同管理班级的过程中不分你我，"分工不分家，谁有空谁做"的工作态度，让我们仨之间的感情与日俱增。两位老师和我每天的接触最多，交流也最多，我们配合默契，合作愉快，互帮互助，早已成为彼此的好搭档、亲密的"战友"。

记得小班新学期刚开始那段时间，幼儿园为了缓解小朋友们的入园焦虑，想了一个办法：让孩子们分批来幼儿园，这样教师就能更细致地关注每个孩子，孩子也能更快地了解并适应幼儿园的一日生活。可能是因为新环境比较有趣，第一天来园的17个孩子就像一只只可爱的小兔子活蹦乱跳，显得格外兴奋，但新鲜劲儿一过，有的孩子就出现了哭闹的现象。第二天的情况亦是如此，晨间游戏结束后，我发现了躲在墙角哭闹的"小松果"，她正一把鼻涕一把眼泪地嚎啕大哭，嘴里还喊着："我要回家，我要妈妈！"任谁劝都没有用。见此情况，我小声地在她耳边说："待会儿老师给你变一个魔术，马上就能见到爸爸妈妈了。""小松果"开始慢慢地放低哭闹的声音，我拉着"小松果"的小手来到大操场，轻轻地蹲下来，拿出家访时拍的全家福给"小松果"看，告诉她不要哭，放学后妈妈一定会第一个接她回家。我问她："能不能做一个勇敢的'小松果'呢？"她含着眼泪答应了，转身跑向滑梯，看着她高兴的背影，我笑了。我相信用真心能够换得孩子的信任，用真情可以换来家长的安心。

幼儿园的男教师

三、教书育人，任重道远

幼儿园的孩子们很天真，辨别是非能力较弱，容易做错事，而且还容易再发生，这就需要教师给孩子们讲道理，教他们辨别是非，让孩子们在理解的过程中学会自省。

一次，我在班里讲了一个有关诚实的故事，在讲故事的过程中，我发现有个小朋友的脸涨得通红，头埋得很低。课后，我找到了这个小朋友，与他进行交谈，在轻松的聊天过程中，他向我讲述了一件他撒谎的事情。我根据情况对他进行了教育，既肯定他主动承认错误的优点，又向他说明了撒谎的危害性。他当场表示，以后一定做一个诚实的孩子。现在的孩子大部分是独生子女，由于家长的过度疼爱，部分孩子养成了一些不良习惯。入园后，我让他们从一点一滴的小事入手学会明辨是非，在日常学习的过程中让孩子们知道什么行为是对的，什么是不对的，使孩子养

成良好的学习和生活习惯；当孩子有困难时，我随时给予关注和帮助；对有特殊情况的孩子，我更是给予格外的爱护，帮助每一个孩子树立自信心，培养良好的生活和学习习惯。

幼儿教育离不开家庭与幼儿园的配合，因此，充分调动家长参与教育的积极性并与之达成共识是非常重要的。为了与家长更好地沟通，我利用晚上时间借助软件平台召开线上家长会，围绕"谈谈咱们的孩子"这个主题耐心、细致地与家长互动、交流，使家园双方及时沟通，共同探讨教育幼儿的方法，受到家长的欢迎和认可。"努力成为孩子们喜欢的老师"是我的工作目标。有这样一句名言："教育者没有情感，没有爱，如同池塘里没有水一样。"在实际工作中，我努力为孩子们创设一个充满爱的"池塘"。

四、最美师魂，成就教育

在幼儿园平凡无奇的岗位上，虽然得不到勋章，但我深知：从活动室里放飞的是希望，守巢的是自己；展示给孩子的是真理，擦去的是功利。有人说："教育是事业，事业的意义在于献身；教育是科学，科学的价值在于求真；教育是艺术，艺术的生命在于创新。"作为一名幼儿园男教师，我深深地感到，教师职业是终身发展的，社会的发展促使教师不断地自我更新，应重师德、重创新，努力完善自身的综合素养，形成自己的教学特色，以适应时代的需求、幼儿的需求，才能成为一名优秀的幼儿教师。

心怀热爱　共赴星海

山东省临沂市兰山区银座幼教沂龙湾园　单彬彬

流光容易把人抛

时光飞逝，转眼间我已在银座幼教沂龙湾工作十一个春秋了。自大学毕业起，我便扎根于这个曾经陌生而又令我彷徨的学前教育事业。那时的我初入社会，阴差阳错地来到沂龙湾幼儿园，成为一名信息技术老师。因为我的专业是计算机，所以对这项工作自信满满，相信自己完全能够"信手拈来"，更何况我还有"百年树人""桃李天下"的教师情怀。但是现实很"骨感"。我第一节课的课堂，像极了五六岁娃娃们叫卖的市场。他们面对新鲜事物充满了好奇，三三两两地聊天，自顾自地玩耍。我完全没见过这种场面，顿时手足无措。在其他老师的帮助下，我艰难地上完了这堂课。这些活泼好动的小家伙们也狠狠地给我上了一堂课。

后来，我进班当了一段时间的生活老师，每天耳濡目染，去了解孩子们的年龄特点、思维及行为模式，学习带班老师的工作技巧，这让我的理想又渐渐丰满起来。但那时的我内心却十分自卑,我羞于向亲朋好友介绍自己是幼儿园男教师,因为幼儿园男老师在人们观念中并不是一个光鲜的职业,经常被认为做着"男保姆"的工作。后来,时间改变了这一切。园所有爱的家庭氛围,孩子们天真可爱的笑脸,以及逐渐被大家认可的满足感让我坚持了下来。我从一名生活老师做起,到信息技术老师、办公室主任,再到如今的一园之长,肩上的担子日益沉重,脚步却越发从容。但是时间始终未曾改变我对这些天真烂漫的孩子们、对温暖如家的沂龙湾园日益深沉的爱。

众里寻他千百度

我曾无数次地审视自己,我的价值、我的梦想归于何处?在沂龙湾园五周年年庆的演出主控室里,我似乎找到了答案。舞台上的孩子们与老师们热情洋溢,或翩翩起舞,或引吭高歌。全园的孩子们自信地展示着自我,他们萌趣的动作、稚嫩的声音撑起了整台晚会。在演出结束的音乐慢慢响起后,所有参与演出的孩子们和老师们鞠躬致意,台下的观众响起了热烈的掌声,我再也抑制不住夺眶而出的泪水。几个月的精心准备与辛苦付出,终于圆满收官。

幼儿园的男教师

我曾多次和体育老师带队参加集团举办的全国幼儿篮球赛，沂龙湾园的篮球小将们在赛场上奋勇拼搏，顽强自信的身影历历在目。园所荣誉室内摆满了他们的荣誉证书，除了篮球对抗赛、篮球操的有关奖项，还有孩子们获得的绘画、舞蹈以及声乐等荣誉证书，这些都是孩子们成长道路中浓墨重彩的一笔。而我们的价值不正是为他们研墨，托起他们描绘未来的画卷吗？这便是我们幼教人的价值，为孩子们的成长奠定基础。

衣带渐宽终不悔

2018年9月，我在沂龙湾园光荣入党，从那时起，我也更加清晰地认识到身为一名学前教育工作者的责任。在工作中，我始终以一名共产党员的标准严以律己，尤其在园所安全工作中更是殚精竭虑，生怕任何一个孩子受到一点点伤害。然而，天有不测风云，仍会有孩子因意外受伤，每当此时，我们和家长一样承受着无尽的担心与痛苦。我们曾在医院的走廊中焦急徘徊，我们曾被愤怒的家长拒之门外，甚至我们曾经对孩子的百般呵护也被视而不见。但是，既然选择了这份职业，我们就要为孩子们的健康、安全负责，为他们的成长、成材保驾护航。

待到山花烂漫时

2022年初，沂龙湾园被评为山东省省级示范化幼儿园，连续多年被评为兰山区民办教育先进单位。荣誉代表着园所具有较高的办园质量，也反映了银座幼教沂龙湾园全体教师为爱守护、为爱付出的使命担当。我们很欣慰地送走了一批批健康向上的孩子，我们坚信每一个孩子都会扬帆启航，乘风破浪！

岁月悠悠，一批批幼教人依旧心怀热爱，携手描绘美丽诗篇，共赴星辰大海，期待着每一个春暖花开！

阳光，让成长更给力

浙江省象山县西周镇幼教集团华翔园　贺钰泽

阳光是什么？有人说，阳光就是温暖；有人说，阳光就是积极向上的心态；也有人说，阳光就是乐观开朗的性格。我觉得，阳光是一种主动生长的姿态，是逆境中的动力，对未来的无限向往。我在学前专业班里是三十分之五中的一员，在单位是唯一的在编男教师。都说"物以稀为贵"，到塔山幼儿园工作至今，已走过了七个春夏秋冬。作为青年教师我常怀敬畏之心，其中最大的感受是个人的成长，是努力感受光、沐浴光、散发光的过程。

一、历练中感受"阳光"

努力地感受阳光，就要无限地靠近阳光。都说万事开头难，我很快就经历了专业道路上的第一次历练，让我初次感受到了阳光的力量。

一次集体教学考核，我选择了自己擅长的体育课，我反复演练热身环节的动作，在心中复述了无数遍要对孩子们说的话。试教过程中，我精

幼儿园 的 男教师

神抖擞，自我感觉良好。可课后同伴们的评价却让原本斗志昂扬的我顿时信心减半："眼中无孩子，只顾埋头教。""目标有偏差……"等等。当时我心里很不服气：不就是一堂课吗？哪有这么多条条框框？但我转念一想：作为一名幼儿园男教师，怎么能连自己擅长的体育课都教不好？我心中仿佛钉了一根刺般难受。庆幸的是，我的师傅帮我答疑解惑，重新梳理了教学思路和方法。第二次试教时我改变了活动目标，预设了孩子的回应。这堂课终于有了明显进步，我的内心激动不已，但这堂课仍有不少问题，如每个环节的用时不平衡，孩子等待的现象明显，等等。于是，我带着问题和改进方案开始了第三次、第四次……的尝试。一次次推翻又重来，我终于找到了适合自己的教学风格——一个阳光大哥哥的角色，一种充满激情又风趣幽默的风格，这种阳光自信不断地感染着幼

儿，也得到了领导的肯定和赞赏。

　　回看来时的路，历经反复试教的我逐渐获得了专业自信，之后不断挑战自我，接连在全县进行公开课展示，得到了同行的好评。

　　在一次次挑战中，我深深感受到"阳光总在风雨后"，勇敢的尝试是成功的一半，一堂好课需要反复打磨，打磨的不仅仅是环节，更是不怕失败、迎难而上的勇气。

二、坚守中沐浴"阳光"

　　2019年学期初，园领导临时任命我当班主任兼任体育教研组组长，我们幼儿园的"阳光足球"是一门独具特色的体育课程，如何发挥男教师的独特魅力，向孩子们传递"阳光体育"的精神，成了我们的使命。

　　首先，我努力把个人特长融入一日活动中，如在户外活动中，我在孩子们面前展示篮球技能，引发孩子玩篮球的热情和兴趣。其次，跟着孩子们的兴趣，将核心动作要领和游戏巧妙结合，让孩子们在游戏中学会拍球技巧。最后，在不同场合，如升国旗仪式后、毕业典礼中展示孩子们的球技，让孩子们感受阳光足球的魅力！

　　除此之外，我还与其他三位男老师一起研讨足球教学的窍门。我们通过球类游戏的教学展示进行交流，不断研讨不同年龄段的孩子与足球互动的特点。每年的足球月活动中，大班孩子的PK赛总是那么扣人心弦。赛场上，我班里的一个孩子摔倒了，膝盖磕破皮了，他疼得瞬间掉下眼泪。我询问他伤势、让他休息时，他说他能坚持，可以继续比赛。赛场上，他努力奔跑，汗湿了衣衫，在最后时刻破门，为班级赢得了比赛，我第一时间上前拥抱了他，他小声说道："贺老师，我想成为像你一样的人。"此时，我的眼眶也湿润了，被他深深感动，孩子这种顽强拼搏的意志就是"阳光体育"最好的诠释。

　　有人说，教育的本质是一棵树摇动另一棵树，一朵云推动另一朵云。作为一名男教师，我要用阳刚之气潜移默化地影响孩子们，他们会以男老师为榜样、为目标，老师像阳光一样使每个孩子"沐浴"其中，让每个生命都萌发出无限潜力。

三、奋斗中散播"光和热"

俗话说："男女搭配，干活不累。"班级教学和管理需要三位教师形成合力，相互取长补短，才能发挥更大的价值。在一次起床环节，我主动去帮一个女孩子穿裤子，但她却拒绝了我，这个举动引起了我的反思。搭班老师告诉我，大班孩子的性别意识开始萌芽，并且有了独立意识，男老师可以用语言来提示孩子，而不需要事无巨细的具体帮忙。我听了也恍然大悟，一个带班老师"爱"的方式并非包办，而是根据孩子的年龄特点进行指导。男老师也要善于与搭班的女老师相互配合，互相学习，做到优势互补，刚柔并济。

作为一名党员，我除了做好本职工作以外，在工作中还要有更高的要求和标准。当有老师请假时，我牺牲空班时间来顶班，哪里需要就往哪里去。当孩子需要帮助时，我尽自己所能给予其帮助。当有临时任务时，我不退缩第一个冲上去，全力以赴。每当看到孩子们一张张灿烂的笑脸，每当他们微笑着和我打招呼时，便觉得一切都值得。

一位哲学家说过："天空收容每一片云彩，无论其美丑，故天地广阔无比；高山收容每一块岩石，无论其大小，故高山雄伟壮观。"男老师在幼教岗位上要具有宽广的胸襟，接纳同伴的建议，不断去改进和完善；更好地接纳自己，正视自己的优势与不足，教学相长；更智慧地爱每一个孩子，用宽容的心态去接纳孩子，理解孩子。

"大树理论"告诉我们：没有一棵大树会向黑暗生长，躲避光明。阳光是树木生长的希望所在，大树必须为自己争取更多的阳光，才有希望长得更高。大树向阳而生，人又何尝不是呢？"阳光教师"不仅外在热情、活泼，更具备阳光、向上的心态。心怀阳光，就是心中有目标，有了目标，脚步才会更坚定，成长才会更快。

不忘初心，逐梦前行

山东科技大学幼儿园　公维壮

我是泰安山东科技大学幼儿园的一名男教师，毕业于山东师范大学，专业是体育教育。在大学期间，一个偶然的机会，我读到了教育家陶行知先生《四块糖果》的故事：第一颗糖的关爱，第二颗糖的宽容，第三颗糖的信任，第四颗糖的激励，简单的四块糖果，体现出积极的教育态度和令人深省的育人理念，这给我留下了深刻的印象。当时我想，如果以后我当老师，也要像陶先生一样，做一名有情怀的老师。大学毕业后，我机缘巧合地进入了山东科技大学幼儿园，成了一名幼儿园男教师，开启了我的教师之路。岁月如梭，我已经在幼教岗位待了十二年，对教育行业、对幼儿教师的职业都有了一些自己的感悟和体会。

为爱而行，唯心而动

没有爱就没有教育，爱是教育成功的基础。苏霍姆林斯基说："一个好的教师，意味着他爱孩子，感觉跟孩子交往是一种乐趣，善于跟孩子交

幼儿园的男教师

朋友,关心孩子的快乐和悲伤,了解孩子的心灵。"我是一个特别喜欢孩子的人,这也是我坚守幼教岗位的动力。只有喜欢孩子,才能真正沉下心来认真地观察他们、理解他们,用接纳和欣赏的眼光看待他们。我会看到幼儿点滴的成长进步,听到他们有趣的童言稚语,感受到他们对我的爱。我时常被孩子们感动,有时候是孩子与我分享他们视若珍宝的小玩意,有时候是他们紧紧地抱住我,有时候是他们泪眼婆娑地找我帮忙。我也会被他们游戏时认真专注、忘我投入的状态打动……与孩子们在一起的分分秒秒能不断地滋养我的内心,让我体会到满满的职业幸福感。

孩子是大自然的精灵,具有天生的情感感受力。在幼儿园的一日生活中,他们能敏锐地捕捉到老师的一言一行中对他们的爱护和喜欢,而这些爱会滋养着他们的内心,让他们幸福快乐地长大。而爱是相互的,你爱他们,他们也会给你同样的爱。十二年间,我已经带了4批幼儿顺利毕业,每每在街头小巷偶遇他们,他们总会记得我,然后开心地蹦跳过来,喊一声"公老师好",这是作为老师最开心的时刻了。

价值体现,"男"能可贵

因为我毕业于体育教育专业,刚开始工作时,我就专门负责幼儿体育活动,我想:在幼儿园带这群"小屁孩"做运动就是"小菜一碟"呀!可是现实却给了我当头一棒,孩子们根本不听我的指令,你说你的,他们玩他们的,一节体育活动课乱糟糟地结束了。这让我产生了深深的挫败感,我才发现,幼儿园教师看似容易当,实际上真的不简单。于是,我虚心向同事们请教,观摩其他老师的课,倾听他们与幼儿互动的语言,认真做好记录。每次活动时,我会录制视频,回到办公室就反复回看自己的视频,反思自己的语言和行动,慢慢地,我的教学工作越来越顺利,也越来越受孩子们欢迎。

一提到幼儿园教师,大家通常会想到温婉的女性,男教师似乎还是幼儿园里的稀有"品种"。但是幼儿园里真的需要男教师,就像家里有爸爸、妈妈,幼儿园里的教师队伍性别均衡,不仅能促进教师学习共同体的合作质量、保教质量的整体提升,也能保证幼儿身心全面发展,起到不可或缺的作用。

首先,男教师带孩子进行活动时更不拘小节,更放松,更有利于孩子的天性生长,培养其自信心。带孩子们做活动时,根据每个孩子的特点我会循序渐进地增加挑战难度,针对不同的孩子我也会提出不同的难度要求,满足幼儿的个体差异,让每个孩子都能体验成功。我和孩子们就是最好的朋友。

春天,槐花盛开,我带着孩子们到幼儿园的院子里,架上梯子摘槐花,边闻边摘,快乐而又满足。

夏天,我带着孩子们到院子里的草地上捉蚂蚱,逮虫子,也会领着他们跳到水渠里,尽情地玩水。

秋天,丰硕的果实挂上枝头,幼儿园里的果树成了孩子们攀爬的"乐园",他们勇敢地爬上果树采摘,苹果、山楂、石榴……筐子里满满,装着丰收。

冬天，瑞雪来临，我带着他们打雪仗，堆雪人，还给孩子们做了一个雪橇，拉着他们在雪地里滑行，孩子的笑容就是冬日的暖阳。

其次，在当今社会，越来越多的父亲因"忙碌"而缺席了孩子的成长过程，男教师不仅弥补了男孩儿对男性角色的天然需求，更为孩子提供了除父亲之外的男性榜样，使幼儿的成长环境达到微妙的平衡，这也是对孩子最直观的性别教育。

记得之前带过的一个小女孩，我对她印象特别深刻，她刚入园那段时间，分离焦虑让她很不安，经常哭很长时间。奇怪的是，每当我抱抱她的时候，她就慢慢地不哭了，情绪也变得稳定了。后来，她慢慢地适应了幼儿园生活，有了自己的朋友，但是每天总会跑到我身边，趴在我身上，还把小脸贴到我的手背上，我问她："你为什么每次过来都趴在我身上呀？"她笑了笑，说："你身上有爸爸的味道。"这突如其来的回答，让我怔了怔，而后就是满满的幸福感。这让我意识到自己责任的重大，在幼儿园里，孩子也许不仅仅把你当成老师，而是真正地信任你，把你当成自己的爸爸。在幼儿时期，孩子们主要靠感官学习，而作为男幼师的我们要更多地参与幼儿教育，给孩子们树立一个良好的男性角色榜样，在我们的影响下，幼儿看问题更多元化、角度更丰富，能形成积极主动、乐观开朗、敢于冒险的个性品质，促使其身心健康全面发展。

终身学习，不忘初心

有人曾问我："你是体育教育专业的，并不是幼儿教育专业，没有系统地学习过学前教育知识，怎么做到与幼儿和谐相处、共同进步呢？"

首先，我认为不论是幼儿教育专业还是体育教育专业，不论男老师还是女老师，都应在幼教专业化道路上朝着高素质的方向努力，做到"师德为先，幼儿为本"。作为男教师，也应该跳出自身性别、个人专业的局限，通过持续的终身学习实现全面的专业发展。大学时体育教育专业的学习，让我在运动中有更丰富的经验、更多样的视角来观察和支持幼儿的游戏，从更专业的体育运动视角对幼儿的运动进行指导，对幼儿的挑战性行为进行更科学的评估，等等。

终身学习是一个人探索、学习、发展和成长的过程，也是不断更新课程观、儿童观和教育观的过程。现在，山东科技大学幼儿园在自主游戏方面进行了深入的实践研究和探索，给幼儿提供适宜的环境、丰富的材料、充足的时间，让幼儿自主地选择游戏伙伴、确定游戏主题，把游戏的权利还给幼儿，让幼儿自己主导游戏。在游戏中，我看到孩子们不断重复的行为背后，是对自己已有经验的强化和积累，我也看到了孩子们遇到问题时是如何自主探究、解决问题的。这些理念的转变，激励着我不断学习和成长。这些成长的经历，最终化为我宝贵的经验，支持我在幼教道路上不忘初心，坚定地前行。

自从我进入幼儿园成为一名男教师，一路走来，有艰辛，有欢乐，有苦恼，也有幸福，这些我人生中的美好经历将鼓励我奋发向上，不断前进。教育就是一棵树摇动另一棵树，一朵云推动另一朵云，一个灵魂唤醒另一个灵魂。幼儿的童年短暂而美好，作为男老师的我有幸遇到他们，一定会用细心、耐心、恒心继续关爱他们，不负光阴不负卿。

凡有成者，必有坚忍之志
——我就是我，将幼教进行到底的那个"孩子王"

浙江省湖州市长兴县张家村花园幼儿园　胡俊勇

胡俊勇，男，中共党员，中小学一级教师，现任长兴县雉城幼儿园副园长。曾获长兴县青年教师比武一等奖、县案例设计一等奖，多次进行市、县级公开课展示，在县教育科研、县教案设计、县优质课评比等活动中多次获奖，被授予长兴县"优秀团干""优秀团员""师德标兵""先进个人"等荣誉称号。

走近人物

从教十余年，胡老师得出了自己的教育心得：从孩子的内心世界出发，提供丰富的教学活动，让孩子获得教育的同时，全面、均衡、和谐地发展。这一信念一直伴随着他的教育生涯。

情怀：立志当"孩子王"

"做一名男幼儿教师"是胡俊勇初中时期的理想。1998年，那时的他怀揣着理想和憧憬，踏入了长兴进修学校的大门，成为该县学前教育专业的一名师范生。相对于就读的专业，他的性别显得有些特殊，也因此得到了学校领导和老师的更多关注。通过努力，2001年他考入浙江师范大学杭州幼儿师范学院，有幸成了浙江省第一批幼师专业的男大学生。2003年8月他来到长兴县机关幼儿园担任教师，成了一位名副其实的"孩子王"。

勤奋：才能赢得硕果

胡俊勇任职期间，除了当教师，还曾担任团支部书记、教研组长、后勤管理员等职务。对于陌生的岗位，胡老师从不退缩，并积极钻研、请人指导。任团支部书记期间，他探索管理的务实之道，所带领的团支部3次被评为长兴县"优秀团支部"，4次被评为长兴县"优秀团干"，多次被评为县"优秀团员"。在担任教研组长期间，他在业务上钻研、创新，有效调动教师的积极性和参与度，致力于孩子们的成长。在担任后勤管理员期间，他摸索出保障线上的稳固之径，及时处理后勤事务的突发情况与长期运营事宜，并多次获得长兴县"学校优秀网站管理员"称号。

情趣：才艺成就精彩

高中时期，胡老师就担任广播台台长，大学期间担任播音员、小品社团负责人，参与各种大型文艺晚会演出；工作后曾有半年时间被县电视台邀请担任嘉宾主持人，并多次出演小品等节目。所有的经历都给他后来取得的成绩和荣誉奠定了基础：他原创的小品获长兴县小品创作大赛二等奖，在市演讲比赛、县DV大赛等比赛中都曾获奖；他负责的课题、论文多次获市、县的二、三等奖；他指导的幼儿获省、市、县各类比赛一、二、三等奖；多次被评为县各类比赛的优秀辅导员、先进个人、师德标兵等。

幼儿园的男教师

收获成绩的同时，他戒骄戒躁，以更加严格的标准要求自己，让自己在幼儿园工作中更好地绽放自我。

探寻：开创特色之路

2010年，他参加了长兴县首批学前教育招编，以第三名的成绩分配到长兴县实验幼儿园。经过后备干部报考和面试，2016年，他作为业务负责人来到长兴县煤山镇中心幼儿园当副园长。

2017年，他担任长兴县泗安镇二界岭中心幼儿园园长。该幼儿园在浙江省长兴县的最西面，有近200名幼儿，十几位幼儿教师，一幢不大的教学楼，一个很大的操场。这个幼儿园和大城市的规模园相比可以说是"麻雀"幼儿园，但它却有着独特的办园方式，它依靠当地的人文资源，以生态教育、生活体验为切入点，让孩子们在实践体验中接受教育，愉悦身心，走出了一条特色之路。

"小"和"偏"不等于落后。两年来，二界岭幼儿园的市级课题、县规划课题实现了零的突破，2023年该园的市级课题、县规划课题又再次立项，县视频案例、论文获得一等奖，再次取得历史性的突破。二界岭幼儿园在胡园长和他团队的努力下，见证了从无到有的过程。

他将该园的《沐木课程》进行重构，历经4个多月的研讨，探究课程的地域性、园本性与可行性，以包裹式的全新理念，将"木"特色巧妙地涵盖在内，形成"野趣游戏项目活动"。该园本课程获得县课程实施方案二等奖，在《中国网络日报》刊登。

如今，胡老师担任长兴县雉城幼儿园副园长，负责园所安全、党建、德育、信息技术的管理。疫情防控期间，作为党员他遵守防疫要求，履行党员义务和责任，认真做好各项工作。

胡老师工作十九年来，始终不忘初心，在幼教道路上脚踏实地，努力创新，致力于发展孩子喜欢、家长满意、社会认可的幼儿教育。

一路向阳　追逐梦想

我是一名幼儿园男教师

山东省济南市银座·英才幼儿园（集团）银座花园园　郝海琦

你好，海琦老师，可以说说你第一年进入幼儿园时的心情吗？

你说："我想得太简单了，这是我唯一的感受。"

你第一年进入幼儿园时，像是迷失在秘密花园中的路人，只觉得异常开心，见到这么多可爱的"花朵"，觉得自己可以大展拳脚，满脑子想的都是和小朋友们打成一片的快乐场景。

你想得太简单啦！诚然，作为一名男教师，你有着远胜女教师的力气，有着特殊的"阳刚之气"。但不要忘记，你也只是一个初出茅庐的大学生而已，和其他实习老师一样都是第一次来幼儿园。

刚开始带班，面对家长你总是不知道该说些什么，只会用帮孩子们放书包、穿脱衣服来掩饰自己的尴尬，可是他们都上大班啦！放书包、穿脱衣服都可以自己完成。你不必这么紧张，你是带班老师，可以和家长聊聊家园共育，分享孩子的幼儿园生活啊！

你第一次给孩子们上课，前两排的孩子踊跃举手回答问题，后几排的孩子趴在桌上各自玩耍，有的还开始聊天，你说"安静"，可是孩子们不理你，你开始慌了："都说幼儿园的孩子可爱、听话，怎么我遇到的和想象中的完全不一样呢？"

那时候你还不懂，由于孩子们年龄小，专注力有限，你自己第一次上课的方式方法不当，自然无法吸引孩子，专业知识和技能是你当前亟须弥补的。

你太累了，面对家长你不知所措，面对孩子你无计可施，冬天早上你坐第一班公交车来幼儿园，起床看见的都是星星，躺在床上看见的也都是星星，你想着"我不想干了，我太累了"。

又过了些日子，小姑娘穿着一身美丽的裙子参加幼儿园活动，转头看向你，快乐地微笑时，你觉得她宛若一位精灵公主，满眼洋溢着快乐，那一瞬间孩子的纯真和简单的快乐感染了你，你突然发现，原来做幼儿教师最快乐的事就是看到孩子们快乐。

有的孩子不喜欢吃菜，你引导、鼓励她近三个月，当她第一次举着吃得精光的盘子给你看，说"你看，我把菜都吃干净了"时，你好像在黑夜中看到了一束光，觉得自己的一切付出都值得。你想，再坚持坚持吧。

海琦老师，当你工作两年后，你又是用怎样的心情面对这份工作的呢？

你说："比起刚工作时肯定有所成长，不过还是有太多欠缺。"

连续带了两年大班，你想尝试带小班，你对小班的重要性认识不足，只觉得小班的孩子可能更可爱听话，嘿，你又想简单啦。

幼儿园的男教师

　　如你所愿，你开始涉足小班孩子的生活，一开学你就经历了"黑色九月"，大部分孩子哭着喊着找妈妈，撒汤、撒饭、尿裤子也时有发生。刚进入幼儿园的孩子面临分离焦虑，无法适应白天和朝夕相处的家人分开的境况，有的孩子午睡时睡不着，在被窝里偷偷掉泪；有的孩子中午哭个不停，你只能抱着他到走廊上给他讲故事，最后他在走廊的小沙发上沉沉睡去。你感觉自己每天像一只气球，进园时充满气精力充沛，离园时泄了气瘫软在地。可慢慢地，孩子们适应了幼儿园的生活，第一次和你说"老师好"，第一次拥抱你，第一次大口吃饭，第一次和其他小朋友一起做游戏，第一次开怀大笑……你都看在眼里，你还看到了之前带过的孩子的弟弟、妹妹，你觉得这是一种美好的延续，虽然仍旧有些疲惫，但也感到欣喜。有一次，你在网上买了一套吹泡泡的材料，按照教程做了30多个工具，调制了一大盆泡泡水，带孩子们去操场吹泡泡。孩子们开心地跳了起来，尽情地吹着泡泡，你十分开心，你觉得自己能让孩子们快乐，就是你来到幼儿园的意义。

　　海琦老师，今年是你工作的第五个年头，听说你还当了班主任，感觉怎么样，一定很辛苦吧？

　　你说："肯定是辛苦的，但也值得，只要孩子们开心、健康，我做的一切就值得。"

　　到了中班下学期，你班里的主班老师要去集团的另一个园所，班级事务上的压力逐渐压在你身上，你想着要不也争取当大班的班主任吧，争取带这一批孩子三年直到毕业，为了情怀，也为了锻炼自己。可你心里还是有些畏惧，你见过太多优秀的班主任，你知道班主任的工作量远大于其他老师。

　　在你摇摆不定的时候，主班老师告诉你："相信自己！"园长告诉你："你可以的，没问题！"你周围的老师都说："别担心，有事就问，我们都会帮助你的。"你咬咬牙，决定开始努力，勇敢尝试！

　　当你真的负担起班主任重任时，你才知道什么叫"责任"，比起当配班老师时的你，你更加牵挂班里的孩子，和家长的沟通也更加频繁，班级的大小事务也需要你做决定,你开始试着给其他老师安排工作。

当班主任的这段时间,你发现了自己更多的不足,不过你也发现,自己不再是那个羞于和家长对话的实习老师,也不再是那个不知道怎么上课、应对孩子的新手教师,和其他的班主任相比你仍有进步空间,和过去的你相比,你已经取得了巨大的成长。你第一次给小女孩扎了丸子头;你帮中途加入游戏的小女孩找到朋友;你帮男孩子们解决抢玩具的问题;那个小班时拒绝和你接触的小孩第一次牵你的手……

你现在28岁,未曾为人父的年纪却与30多个小生命在这里相遇,看着他们从"小不点"到"大不点",恍惚间仿佛看到他们戴上了红领巾,看到了他们骑车上学、放学,你自己的胡茬也冒得越来越快,是啊,时间快得仿佛开了加速器。

你其实不敢把自己称为孩子们的老师,说是老师,可谁又是谁的老师呢?

"爱是恒久、忍耐,又有恩慈,爱是永不止息。"你永远都在学习如何付出爱,如何反馈爱,与孩子的互动像是一个各环节密切相接的循环,你们一起学着爱与被爱,并一起成长。

深耕幼教事业　谱写绚丽华章

甘肃省陇南市成县幼儿园　浩春林

在甘肃陇南成县这座美丽小城，有一个幼儿园名字响亮在全县幼儿家长心中，这就是名噪全县乃至陇南全市的成县幼儿园。但凡到过或是了解成县幼儿园的人，无一不为这所饱经沧桑的老牌幼儿园近些年来的巨变竖起大拇指。这其中凝聚了浩春林园长多少心血？熟悉他的人都说，为了这个"大家庭"，浩园长真是操碎了心，费尽了神……他从青春少年到两鬓霜华，几十年如一日，始终怀着对幼教事业的敬畏感、使命感和责任感，满腔热情地践行着一名幼教工作者的初心和使命，把对党的教育事业的忠诚、对本职工作的热爱，默默地熔铸于自己的事业中，用实践诠释着"为幼儿谋发展，为家长谋服务"的宗旨。

在浩春林园长的带领下，成县幼儿园多年来一直受到上级领导和相关部门的肯定与表彰，先后多次被省、市、县评为"甘肃省巾帼文明岗""省级语言文字规范化示范校""陇南市美育先进学校""陇南市教育教学质量优秀学校""市级语言文字规范化示范校""幼儿教育先进单位""'园丁奖'先进集体""三八红旗集体""校园绿化美化建设先进学校""先进党支部"等，2008年至2021年连续十四年获得成县教育局"教育目标责任书考核"一等奖，2012年被甘肃省教育厅评为"甘肃省示范性幼儿园"。

而浩春林园长也多次受到表彰。1991年被成县县委、县政府评为"优秀园丁"，1993年被陇南市委、市政府评为"陇南地区优秀校长"，2007年被成县县委、县政府评为"优秀校长"，2011年被甘肃省教育厅评为"全省教育系统法制宣传先进个人"，2012年被成县县委、县政府评为"先进教育工作者"，同年被甘肃省委、省政府授予"园丁奖"，2014年被陇南市教育局评为"陇南市骨干教师"，同年被陇南市委、市政府评为"陇南市名校长"，并荣获全国"宋庆龄幼儿教育奖"提名奖，且同年指导本园教师安静在"甘肃省第二届幼儿园教师教学技能大赛"数学组比赛中荣获一等奖，受到甘肃省教科文卫工会和甘肃省教育科学研究所表彰，2015年被甘肃省政府评为"甘肃省特级教师"，2019年、2020年被成县县委、县政府授予"园丁奖"，2021年被陇南市人民政府聘为第四届督学。

一、深化改革保教理念，大幅提升办园品质

2001年，浩春林初任成县幼儿园园长时，幼儿园存在着园所简陋、经费不足、生源稀少、设施短缺等诸多问题。为了开辟一条幼儿园生存发展之路，在经过一个阶段的深入调查研究之后，他先从"办孩子喜欢、家长放心的幼儿园"入手，利用休息时间，到周边地区进行走访、调研，向家长及社会人员了解幼儿园存在的问题和不足，了解家长及社会人员对幼儿园的反馈与期待。他及时组织班子成员和教职工进行讨论、研究，讨论幼儿园存在的问题和解决办法，规划幼儿园的发展前景。

为了提高办园质量，强化服务功能，便于家长工作和养育孩子，浩园长果断实施改革，于2003年秋季将原有的部分简托班改为日托班，用三年的时间，将原有的简托班全部改为日托班，成为全市最早创办日托班

的幼儿园。为适应新时期幼儿教育的发展，促进成县幼儿教育事业健康、有序发展，满足孩子的发展需要，成县幼儿园先后开展幼儿美术、舞蹈、电子琴、体适能等特色教学活动，在当地幼儿教育圈中起到示范、引领、辐射作用。浩春林带领全园教师积极创建省级示范性幼儿园，经过自评、整改、完善、提高、再整改、再提高各个阶段的多次推进，幼儿园管理日趋规范，办园条件得到显著改善，保教措施进一步完善。2011年12月，成县幼儿园顺利通过省级专家组的评估验收，2012年8月被省教育厅评为"甘肃省示范性幼儿园"，成为陇南市首个"甘肃省示范性幼儿园"和基础教育先进单位。

　　浩春林园长带领全园教职工牢固树立"一盘棋"的思想，不断转变观念，提高认识，精诚团结，开拓进取，改革创新。为了促进幼儿事业的快速发展、全面发展，他变静态管理为动态管理，完善"以人为本"的精细化管理模式，激励和调动全体教师的积极性与创造性，凡事都能以身作则、率先垂范，公平、公正地对待每一位老师，视老师们为家人和朋友，做到在思想上引导他们，在业务上锤炼他们，在工作上肯定他们，在生活上关心他们。他用自身的影响力来凝聚全体教职员工的心，带动他们积极工作，使教师在工作中体会到成就感和幸福感，形成了爱岗敬业、甘于奉献、协调合作、积极向上的工作氛围，大大提高了工作效率和保教质量，使幼儿园的改革步伐一步一个脚印地不断向前迈进。

二、不断改善办园条件，全面优化办园环境

　　为了给幼儿创造良好的学习和生活环境，他向上级部门汇报存在的问题，积极争取相关部门和社会各界的支持与帮助。多年来，经过多方筹措，投资数百万元对办园环境进行了全面升级改造，使幼儿园环境焕然一新。一方面，加强园内基础设施建设，改善教学环境。幼儿园自筹资金，于2006年新建1198㎡教学楼（西楼）一栋，于2013年新建989㎡综合楼（东楼）一栋，且先后对旧教学楼进行扩建、维修加固和全面装饰，增加教学场所面积一千多平方米，彻底解决了教学场所紧张的情况，进一

步优化了保教环境。2012年，幼儿园自筹资金，修建了极具趣味的入园主门，提升了安全性以及幼儿园整体的美观性。同年新建现代化幼儿舞台一座，为幼儿创造了一个展示自我的平台。多年来通过对幼儿园基础设施的改造提升，极大地改善了教学环境。另一方面，更新添置教学设施，改善办园条件。通过更换户外大型玩具和室内桌面玩具，修建长廊、戏水池、沙池、悬浮地板、攀岩壁等，创建科学探究室、幼儿计算机室、创意美术室等六个多功能活动室，为幼儿接受优质教育创造了环境条件。教学设施的全面提升，给孩子们创建了一个更加有趣、安全、温馨、舒适的生活和学习环境。

三、强化师资队伍建设，努力提高办园水平

浩春林园长深知，幼儿园的发展既要科学管理，又要有一支高素质的保教队伍，他从提高教师素质入手，积极创建幼儿园"学习型"团队，采取"请进来、走出去"的方式，对教师进行专业培训，让教师拓宽视野、转变观念。同时注重发挥老教师的传、帮、带作用，加强对青年教师的管理和培养。每学期末对全园教师进行业务技能考核，鼓励青年教师积极参加各种专业技能竞赛活动。通过幼儿园多年培育和教师自身努力，2013年6月，成县幼儿园教师张奕同志参加"甘肃省第一届中小学（学前）教师教学技能大赛"，成为陇南市各参赛县、区唯一一名获奖教师。自2014年以来，园内教师在省、市、县举办的幼儿园教师教学技能大赛中，获得省级一等奖1人（成县幼儿园安静老师是陇南市唯一的一等奖获得者），二等奖1人，三等奖6人；市级一等奖6人，二等奖6人，三等奖1人；县级一等奖17人，二等奖6人，三等奖1人。

浩春林通过一系列卓有成效的方法和措施，培养了一支结构合理、素质优良、业务精湛、相对稳定的保教队伍，有96人（次）获得省、市、县骨干教师、优秀班主任、优秀教师、教学先进个人等称号，62人（次）在省、市、县优秀论文评比中获奖，成为促进幼儿园可持续发展的中坚力量，为提升办园品质提供了可靠的人才保障。

四、加强园所文化建设，充分彰显办园特色

园所文化是一种环境教育力量，良好的园所文化氛围，对幼儿的茁壮成长起着潜移默化的作用，对教师的职业发展有着深刻的影响，对幼儿园的长久发展有着巨大的推动力。浩春林深知有文化的幼儿园才是有品位、有发展的幼儿园。他从打造良好的园所文化环境、培养教职员工的人文精神、规范幼儿园制度、开展丰富的活动等方面来加强园所文化建设。经过多年的积累和沉淀，他创设了独特、鲜明、刚柔并济的园所文化，确立了"以孩子发展为本"的办园宗旨，形成了培养"健康活泼、好奇探究、文明礼貌、勇敢自信"的孩子的办园目标，确立了"为家长服务、让孩子快乐"的教育观念，与家长、社区密切配合，形成了幼儿园、家庭、社区一体化的大教育格局。现在的成县幼儿园文化气息浓厚，人文环境优美，活动丰富多彩，是孩子们眼中的花园、心中的乐园，是教师成长的幸福园，更是家长心中的满意园。

五、无私奉献守初心，恪尽职守践使命

多年来，浩春林始终以自身为表率，乐于奉献，以园为家，伴着晨曦来园，披着月色回家，他默默地奉献着，无怨无悔。他几十年如一日地上班当"排头"，下班作"排尾"，利用节假日搞园所建设，不断改善办园条件。任成县幼儿园园长以来，为了谋划发展、提高保教质量、筹措经费、改善办园条件，他绞尽脑汁，东奔西走，在工地现场顶日冒雨，长期劳累，体力严重不支。

2012年暑假加固维修南楼时，还有两周时间就要开学了，但维修的工程才进行了一半，为了使维修工作不影响开学，浩春林要求工程队无论如何要在开学前保质保量地完成维修。于是，他加班加点在工地指挥工作，由于工作强度大，他昏倒在工地上。妻子陪他去县医院检查治疗，在医生的再三劝说下，他才同意住院，治疗三天后，他不顾医生和家人的劝阻，坚决出院，继续投入工作中。长期的体力透支，又抽不出时间入院治疗，老师们多次看到浩春林园长带着药瓶子来幼儿园，面容憔悴，身体

消瘦，但他仍然打起精神投入到园里的工作中……

　　2010年冬天，正值成县幼儿园准备迎接省级示范性幼儿园评估小组检查初验之时，浩春林的妻子因突发疾病被送往兰医二院住院手术。为了不耽误评估验收前的准备工作，他没有请假，只是委托妻子的妹妹代为陪护，连孩子都责怪他说："爸爸的心里只有幼儿园……"

　　前路艰辛，但天道酬勤，不知经历了多少个不眠之夜，浩春林园长终于将蓝图变成了现实，用二十二年的付出让自己成为陇南市学前教育的领头人，在他科学、系统的管理下，幼儿园的发展蒸蒸日上，各级领导、主管部门、社会各界有口皆碑。但浩春林园长却说，荣誉只代表过去的成绩，在幼教发展之路上，他还有许多工作要做，所以更应该戒骄戒躁，更需要谦虚谨慎，不断学习先进的教育理念，以实际行动去诠释幼儿教育的真谛，诠释"幼有优育"的理念，诠释一名幼教人的使命与担当！

坚定信仰，莫负嘱托

浙江省舟山市正行幼儿园　胡烨凯

我是舟山市正行幼儿园的一名男教师。2018年入职以来，我已经工作四年有余了。说起这份工作也是缘分，大学刚毕业的时候我选择了一份影视公司的工作，工作了两个月，我发现这份工作并不是我想要的，于是我毅然选择离职。而教师是我在对职业选择感到迷茫焦虑后明确的"第一志愿"。正巧有一所幼儿园正在创办期，招聘美术专职教师，我抱着试试看的心态去这所幼儿园面试，然后一干就是四年。回想起刚入职正行幼儿园时的心情，感觉自己像一颗种子刚刚被埋进土壤里，很激动、兴奋，也抱有无限的期待。

当这些心情如潮水般退去后，面对新的工作环境，我感到很不适应。为了让新老师快速适应工作环境，园部领导安排我做班级助教，除了上美术课程外，剩下的时间要待在班级里协同其他老师工作。大学里我的专业是美术教育，而实际面对"熊孩子们"时我常常会手足无措，对"调皮捣蛋"的他们我说的最多的是"不要……"，但结果事与愿违。上美术课时亦是如此，我会疑惑孩子们能否听懂我的指令。我不禁问自己：我能做好一名教师吗？现在的孩子见多识广，我能被他们认可吗？但这些问题的解决确实印证了那句"绝知此事要躬行"。

记得准备一节中班公开课时，班主任老师手把手教我，大到整个流程，小到一句鼓励孩子的话，让我明白了该怎么上一节课。正是因为有园部的各种培训，以及老教师的经验传授，我才能快速成长。比如，之前让孩子们用胶水时，我会说："请大家在纸上涂胶水。"部分孩子没有反应。而现在我会说："请大家帮纸片在胶水里洗洗澡。"用更贴近孩子的语言，让课堂变得精彩有趣。当班里的孩子出现不良行为时，我之前经常用说教的方式，自己苦口婆心，孩子却充耳不闻，依旧"我行我素"。现在我知道了，教育要坚持理论和实践的辩证统一，我会用行动给他们举例，让他们知道哪些行为是好的、哪些是不好的，孩子们也更容易理解并学习改进。

这些年记忆最深刻的还是带托班孩子的时候，面对一群话都说不清楚的孩子们，老师们真的天天精疲力尽。有个小男孩有很强的分离焦虑，第一天来幼儿园的他不说话、不吃饭甚至不喝水，几个老师想尽了办法他才勉强喝几口水，我几乎抱了他整整三天不离手，他才有点适应新环境。那一刻，我突然有一种归属感和使命感，我的心也变成了一颗想要破土而出的种子苗，我有了跃跃欲试和大展拳脚的信心。

新生的种子苗虽柔弱，却坚强、活力十足，向下扎根，向上生长。现在我担任陶艺专职教师，陶艺课作为我园的特色课程，在教师们的不断摸索中逐步形成了自己的特色。我们对研究过程进行了系统的规划，分步实施，循序渐进，为幼儿园进一步开展陶艺教学研究提供了途径，有利于深入探究陶艺课堂的教学策略。

为了能让孩子们喜欢我的课，除了集体备课外，我还会花很多时间细化课程，针对不同年龄段的孩子的特点调整课程。比起托班、小班幼儿，中班的哥哥、姐姐们在上课时有了很大的进步，小班时的他们常常

幼儿园的男教师

需要在老师的帮助下才能完成一个作品，现在的他们已经可以独立完成作品了，我不禁感叹孩子们真的长大了。大班的孩子们就像小大人一样，已经掌握了基本的技能、技法，有了更多自己的想法，我引导他们把自己的想法用陶泥展现出来。另外，每个年龄段都会有几个比较特别的孩子，表现各不相同，在了解每个人的情况后我也会对他们进行针对性的指导。

大学期间以及毕业后，我一直在参与摄影、摄像等方面的工作，所以园部大大小小的活动都是我负责去拍照，用相机记录下孩子们珍贵的瞬间，让我觉得非常有意义。这些年拍摄的照片，不仅是自己成长的足迹，更是让我收获满满的感动。

"路漫漫其修远兮，吾将上下而求索。"教师的职业性质注定了我们要不断精进自身，不断吸收新知识，与时俱进地传道授业，踏实走好成长路上的每一步。

最后，无论是男教师还是女教师，爱你的职业，爱你的孩子，终究会有所收获！就像一粒种子，从埋入土中，到生根发芽，我们和孩子们一起成长，静待花开！

在幼儿园中，成为耀眼的"宝藏男孩"

浙江省杭州市淳安县汾口镇中心幼儿园　姜维

我是淳安县汾口镇中心幼儿园的一名男教师，2016年8月入职，工作已满七年。和学前教育的初次深入接触是在考大学现场面试的时候，如果说报名前的我带着三分慎重七分期许，那么当坐在杭州科技职业技术学院的阶梯教室内，看着来往的大多是女生，只有寥寥无几的男生坐在角落显得那么"耀眼"时，才真切感觉到自己的"与众不同"。待到毕业步入一线岗位，从教七年的我逐渐明白"幼儿园男教师"要想成为耀眼的"宝藏男孩"，责任远比想象的要大得多。

一、岗位磨炼，铸就幼儿园男教师的风采

刚开始工作时，我有幸被分配到淳安县实验幼教集团机关分园进行为期一年的委培。踏入中班教室的大门，面对着孩子们带着好奇的眼光，

我的内心只剩紧张。在主班教师王老师和生活教师余老师的帮助指导下，这种紧张渐渐消失了。不管是教学活动还是自由活动，孩子们都喜欢围着我，和我聊天，向我提出各种问题。除了孩子们，家长们也对我很好奇，并带着些许疑惑：男老师真的可以当幼儿园老师吗？随着我带班越来越熟练，家长们从好奇转为了接纳，让我觉得自己的努力是有收获的。

一年后，我回到淳安县汾口镇中心幼儿园担任中班的班主任，面对班里的各项工作，我由之前的辅助到现在的主要负责，身份上的转变使我经受了很多挑战。除此之外，我还兼任园内的体育老师，利用每周四个半天的时间，轮流给中大班的孩子们上体育课。我第一次直面带班的难题应该是在家访时，在班里郑老师的带领下，我们挨家挨户地入门家访，大部分的家长都很好奇，班里怎么来了位男老师？能带好自己的孩子吗？我中途接手这个岗位，家长们肯定会把我和之前的班主任老师进行比较，想要得到家长们的认可还需要不懈的努力。为了深入了解每个孩子的情况，我除了在班内进行观察和互动，还经常向郑老师了解情况，通过手机软件定期向家长们了解孩子在家的一些情况。慢慢地，我和孩子们打成了一片，孩子们的反馈，使家长们也逐渐认可了我这位男老师。留守的孩子大部分都是由爷爷、奶奶带着的，爸爸、妈妈在外打工，平时我和班级的老师会定期通过家访活动对这些留守的孩子给予关心。还有个别的孩子成长在离异家庭中，针对这部分孩子，我们写方案、制订计划，在生活中给予他们关爱。

作为一名班主任，如何做好幼儿园和家庭的联通工作成了重点。开学后，在带班过程中，我始终对孩子们充满爱心，将勇敢的信念植入他们的心田。家长们最关心的就是孩子们在幼儿园的吃饭和睡觉问题，我将孩子们的这些表现一一记录下来，和家长们在线上单独反馈，对于家长的提问也耐心地给予解答。

一年后，我由一线教学岗位转为了幼儿园的工会主席兼安保主任。初到中层管理岗位上的我，面对挑战，更多的是忐忑不安。因为性别的原因，如何和所有女老师、女职工沟通，了解她们的需求以及组织她们感兴趣的工会活动，成了当时最大的难题。我很感谢领导和同事们的支持，他们给予我很多建议和鼓励。我利用每次跑业务的机会，到每个园区和老师、职工进行交流，了解她们在园的情况以及生活情况。在工会及安保岗位上的两年，我组织开展的系列工会活动得到了大家的好评。面对困难职工的需求，我积极帮助她们建档立卡，和上级工会组织对接。作为全镇园区的安保主任，我努力抓住每一次外出学习的机会，向优质园区取经，将安全风险降低到最小。通过在门口设置进出条等措施，让之前进出人员繁多的状况得到了有效改善。在中层岗位上，我觉得自己收获最大的就是学会了从发展的角度去思考。

两年后，我被提拔为园区的副园长，在上岗之前领导找我谈话，表示希望我能够继续在业务线上做好表率作用，继续展现幼儿园男教师的风采。当时我的内心有些忐忑，对自己的业务水平、能力缺乏信心，对于引领全镇的幼儿教育工作，说实话我没什么底气。但是，作为一名男教师，我并不缺果断和勇气，我相信，既然选择担起这份责任，那么必然要认真履行这份职责。两年多来，我积极联合保教部和教科室开展各类业务教研活动，努力提升全镇在编和非编教师的业务水平。教师的专业水平得到了巩固和提升，儿童观得到了极大的转变。

同时，在园务管理上，我积极和领导沟通，如何换位从教师角度去思考，发挥男教师的优势，和身边的同事们一同分享自信阳光的理念。两年多来，园区教师论文获奖率稳步提升，省、市级的论文获奖数量相较之前也都增多了。同时，我带领团队积极参与县级教研活动，接连获得县级教研的二、三等奖，收获颇丰的同时，也带出了一支敢打敢拼的骨干团队。

时常会有人问："幼儿园怎么会这么忙？"我笑了笑说："因为我们是老师啊！"淳安县汾口镇中心幼儿园是我家乡的幼儿园，在这里我度过了七年的时光，我愿意为之付出，使它变得更好。从教至今，我不敢忘从教初心，只为担起那一份使命。

幼儿园的男教师

二、党建洗礼，保持幼儿园男教师的初心

除了从教经历之外，我还是一名共产党员，就像当初提交入党申请书时自己所写的那样，要努力起到先锋模范带头作用，做一名优秀的共产党员。所以，在幼儿园中，我除了做好本职工作外，简单的电脑维修、搬运东西、播放广播等，处处都能看到我的身影。时刻为大家服务的意识，在红色的党旗下更能凸显男教师的担当。

每次节假日值班，我都会将自己安排在首位，不仅是为了做好表率，更多的是担负起那一份责任。在这七年时间里，龙山教学点的园舍装修和二园的园舍装修让我印象比较深刻，两个暑假里我几乎每天都要到园区和施工方对各种细节进行沟通，同时做好反馈工作。新学期，看着孩子们步入焕然一新的教室，我觉得所有的付出都是值得的。

幼儿园的支部虽然小，但是党务工作马虎不得。从2018年起，我开始负责幼儿园的党务工作，积极管理党员平台，维护党员信息，同时准备好每个月主题党日的学习内容以及完成党费收缴等工作。我园积极参加上级党组织开展的系列党建活动，积极撰写论文，荣获县级党建系统三

等奖。2022年,园党支部被评为"淳安县教育系统优秀党组织",个人获得淳安县优秀教师等称号。

三、专业探索,成就幼儿园男教师的奋进

作为一名幼儿园男教师,除了细致、耐心地完成每一项工作,更多的还是需要不断思考,给予可爱的孩子们更多有益的东西,我觉得这才是我们的最大价值。

在我担任班主任以及带体育课期间,我和园领导沟通后担任了健康领域的教研组长一职,通过小组内多次观察孩子们的兴趣点以及磨课,我们针对园内户外体育器械不够丰富且利用率低下这一问题开展了细致的研究。经过一段时间的整改和努力,我们对简单的器械进行了"一物多玩"等探究,大大提升了玩体育器械的趣味性。同时,针对教师们在活动中放不开这一问题,我们通过开展示范课活动,引导教师们改变儿童观。2017年,我撰写的关于运动器械多种玩法的论文获得了县级三等奖。

作为园内的管理层,我主动关注幼小衔接,关注对孩子上肢能力的锻炼。通过查找相关资料,我和周边的小学进行积极对接,和小学校领导以及一年级的班主任进行座谈,细致落实幼小衔接工作。在园内投放单杠等体育器械,让孩子们自主探究玩法,提升能力。

作为一名幼儿园男教师,我觉得需要永远保持一颗勇敢、阳光、自信的心,用朝气去感染孩子们和老师们,永远不要忘记入职时的那一颗初心。

心在一职，其职必举

浙江省台州市路桥区中心幼儿园　金恩力

2008年，作为国家公费师范生，我入读华中师范大学教育学院，开始了与学前教育的不解之缘。2012年，我入职家乡台州的路桥区中心幼儿园，正式开启幼教生涯。这十年来，担任过一线教师、教研组组长、教科室主任、副园长、区教育局秘书等。2022年8月，组织任命我为路桥区中心幼儿园园长，我回到了最初的"起点"。回望自己这十年时光，有迷茫纠结和困惑，也有欣喜、感动和坚定。我最深的感悟是：一切都是最好的安排，学前教育是值得我为之奋斗终生的事业。

一、专业认同　拔节孕穗

我一直想当一个老师，但没想到填报高考志愿后录取时被调剂到了学前教育专业。这是一个完全陌生的领域，我当时想"既来之，则安之"吧。在懵懵懂懂中，我开启了专业学习。四年时光，最重要的是让我理解了幼儿时期对人一生的价值。我深深地感觉到，儿童是最纯真、最阳光、最可爱的；幼儿时期蕴含着无限的可能性，是最不应辜负的。但是，随着毕业的临近，我常常想，我真的要投身这一行业吗？我真的适合幼儿园的工作吗？

大四上学期，实习开始了。一个多月时间，我看到了真实的幼儿园情况。三年多的理论学习和真实的情景发生碰撞。我虚心地向班里两位老师学习，观察孩子们的一日活动，和孩子们进行互动，协助组织生活活动、游戏活动、学习活动。实习结束后要上一节公开课，我很有压力。带教老师认真负责，整整两个星期，她不厌其烦地听我试讲，对教学设计提出修改建议，帮我借各种教具，等等。那天上课，我进入了状态，仿佛自己真的是一个导游，带着孩子们"周游列国"，一切都是那么自然。最原始的成功体验，让我树立了信心。最后的分享环节，我说："我会继续努力，争取十年之后，成为幼儿园的骨干力量。"

毕业前夕，我到路桥区中心幼儿园顶岗实习一个月。因为是幼儿园里来的第一个男老师，大家都很关注。每次开教研会议的时候，女老师们都会和我开玩笑；我走在路上会引得家长们纷纷侧目；其他班的孩子会用好奇的眼光看着我。开始几天我有点不习惯，后来渐渐能泰然自若了。最开心的是班上的孩子都很喜欢我；最大的难题是带班，如何引导孩子们有序完成喝水、如厕、排队、游戏等各个环节，成了我每天回家反思的重点。从陌生到熟悉，从混乱到有序，我逐渐适应了班级的日常工作。我感受到组织一次规则游戏并不是照搬方案就可以，要随时准备几种不同的回应策略。有经验的老师的每一个眼神、每一个动作和每一次回应都值得回味。

顶岗结束前，我自主设计并向全园老师展示了半日活动。园长给了我很大鼓励，表扬我流程顺畅，其他老师也给了许多中肯的意见。我把自己对学前教育专业的认识和体验，写进了毕业论文《一个准男幼儿教师专业认同的叙事研究——基于个人生活史视角》，并被评为湖北省优秀学位论文。

二、一线带班　革故鼎新

工作第一年，我接手的就是原来顶岗实习的班级，现在孩子们升大班了。我和孩子们比较熟悉，搭班老师也很有经验，在她的指导下，我逐渐进入了工作状态。我承担的是美术教学工作。当时，正值全国幼儿园学习贯彻《指南》精神的热潮期，其中美术教育更强调幼儿主动表达，呵护幼儿的想象力。而我，也陷入了美术教学活动"教"与"不教"的纠结中。我查阅了相关文献，结合园内的教学方法，发现灌输法仍然被大量使用，教师寻找大量的模式供孩子们临摹，孩子们学得多了，画出来的画就模式化了。于是，我开展了无示范背景下的美术教学实践和课题研究。我尝试用实物代替范画和范例，在日常生活中丰富幼儿的审美经验，提供创作材料和多种形式的选择，探索多元的对话形式，不断激发幼儿的创作愿望。渐渐地，说"我不会画"、问"老师，我画好了吗"的孩子越来越少了。

班里总有一些"特殊孩子"需要额外关注和个性化指导。对此，我总是从专业的角度给予他们个别化支持。馨馨是班里实际年龄最小的孩子，喜欢在娃娃家玩游戏，但是游戏水平不高，会把所有材料一股脑儿地放在"锅"里翻炒，经常和其他孩子争抢材料。在持续观察了一段时间后，我思考：孩子的游戏技能处于什么水平？我能做些什么？于是，我借用游戏检核表，评估馨馨的整体游戏水平，并为她制订了个别化游戏方案。一段时间后，我发现，当发生冲突时，馨馨渐渐能"寻求成人的帮助"，偶尔也能"接受折中的方案"。这些点滴的进步我看在眼里，倍感欣喜。

三、内涵提升　使命不息

2017年9月，我到一所街道中心幼儿园担任业务副园长。当时，浙江省启动了新一轮的幼儿园课程改革。考虑到园区位于城郊接合部的区位条件，在跟老师们深入研讨后，我们将课程建设的突破口放在了基于"全收获"理念的种植活动方面。我们积极挖掘空间资源，将角角落落都打造为可供幼儿种植的空间。我们提升教师对种植活动价值的认识，突破单

纯对植物果实的物质收获，重视幼儿经验的获得，将选种、栽培、管理、收获、品尝、制作等整个过程都交还给孩子，让幼儿在多样化、多方式的四季种植活动中，增进对植物及其生长过程的了解，获得多方面的经验。

教研过程中，我发现由于教师队伍偏年轻化、教研机制不成熟等，教研活动中"研"的程度不足，有时以教研组长传达要求和布置任务为主。为了改变这一现状，我从三个方面入手。一是提倡问题式阅读，找准教师阅读的需求点，用具体教研问题、情境激发阅读动机，提供实践性较强的活动案例、篇幅不长的书籍和鲜活的视频等学习资源。如：针对如何开展项目化种植的问题，我们选定《甘蔗有多高？》作为共读书目，带着问题和任务提前研读。二是提倡草根式研究，用研究性思维开展种植活动，不同班级教师对种植环境的规划、种植活动的记录、个别化种植等"细、小、微"的问题进行持续、深入地研究，教师们对某一方面问题有了较深入的实践，成了问题研究专家，自然也就乐于表达了。三是提倡对话式分享，在日常的教研中采取组织者"末位发言"的策略，在每月的大教研活动中采取"预约发言"等形式，鼓励之前不喜欢表达的教师也深度参与教研。

四、专业修炼　善作善成

2018年，我有幸加入了台州市高美娇名师工作室，"鱼渔相授，美美与共"的工作室文化引领着我不断寻找更广阔的专业空间。我们以理论为指导，开展"相约星期二"读书活动，读杜威、陶行知等教育家的著作，和经典对话，和同伴共鸣。我们围绕游戏中幼儿的学习与发展、档案袋评价、主题背景下集体教学活动的有效性、课程园本化建设等内容开展深入研修，有视角、有立场、有行动。

我尝试将实践中遇到的问题转化为课题研究的方向，完成了省教研课题《游戏检核表在角色游戏中的运用研究》，相关成果获省教学论文一等奖、市基础教育教学成果二等奖。我承担市教科课题《幼儿绘画教学中范画合理使用的实践研究》，并以此为基础完成了硕士学位论文。我关注集体教学活动的有效性，在课程园本化的背景下，探索主题下节点性集体教学活动的高质量实施，先后获台州市优质课一等奖和路桥区"教学能手"称号。我承担市、区级讲座和经验分享20多次，主编区精品课程2门，获评路桥区名师称号。

五、新的征程　扬帆起航

2019年7月，我被借调到区教育局办公室承担文秘工作。工作虽然很忙碌，但是我没有放弃专业发展，同时参加名师工作室活动，一有空就回到幼儿园参与教研活动和业务研讨，和幼儿园保持着紧密的联系。

2022年8月，回到阔别许久的路桥区中心幼儿园担任园长，我深感使命光荣、责任重大。面对这个有着良好口碑、一园四址、45个教学班、1400多名孩子的"航空母舰"园，我该如何打开工作局面？

我从"做好继承，谋划发展"入手。没有调查就没有发言权。我用最短的时间了解原有的办学条件、师资队伍、课程体系、管理制度，和中层干部进行座谈、进入班级课堂观摩，掌握最真实的情况。我努力推进重点工作，在条件尚未全面具备的情况下，接下了螺洋分园创建省一级幼儿园的硬性任务。我和老师们一起分析短板、列出清单、倒排时间、逐一突破，用两个多月的时间圆满完成任务，也以此为契机使分园的办学质量上了一个台阶。

我努力"夯实底色，凸显亮色"。近几年，课程改革如火如荼，但是也导致了"概念满天飞"。我想，应该"穿越概念的丛林"，扎扎实实从基础做起。我们从有质量的一日活动入手，基于《幼儿园保育教育质量评估指南》，关注班级教育的过程性质量，探索建立常态化的自我评估机制。在教研上，我们基于"观察—评估—支持"的教师专业行为链，从最基础的"观察"入手，借助儿童行为观察评估指引，帮助老师走好"读懂儿童"的第一步。同时，梳理原有的"幸福种子"课程目标，通过召开课程委员会会议，进一步明确了"培养什么人"的问题。

我推动"减轻负担，提升质量"。针对教师除教育教学工作以外任务繁重的现实情况，我树立鲜明的一线导向——让教师回归教学，有更多的时间和孩子在一起。精简不必要的公众号宣传；减少会议次数，提倡开短会、说短话，提高会议质量；控制各类进校园事务的数量和频率，能在管理层解决的，不要求一线教师完成。同时，对考勤、班级教学、保育保健等方面提出更高要求，全面启用线上办公系统，更高效地进行协同管理。

"心在一职，其职必举。"回望这十年，从最初的专业认同到一线的亲身体验，再到管理岗位，中途虽短暂离开，但对学前教育的价值认同和热忱之心始终没有改变。前路漫漫，在园长的岗位上我将心无旁骛地履职尽责，走好、走实每一步，以弯腰的背影映画奋斗荣光，办一所有思想、有品位、有质量的幼儿园。

一缕阳光折射别样风景

山东银座·英才幼儿园(集团)保利海德园　黄震

我从2016年7月进入银座幼教集团,至今已有七个年头,七年来,我收到了很多鼓励和赞扬,也遇到过很多质疑和不解。

鼓励和赞扬各不相同,却给了我很大动力,遇到的质疑和不解却出奇一致:"咦,这个班怎么是男老师带的?你一个男人是怎么在幼师这个岗位上坚持这么久的?"我给出的回答是:"我是一名幼儿园男教师,我喜欢孩子,喜欢和孩子相处的美好时光。是孩子们的真诚、美好与成长的魅力,让我这七年来一直初心未改,保持对幼教的热爱。虽然必定有挫折和辛苦,但是我很充实,很快乐。"

初识幼师——责任在肩

我清晰地记得第一天踏进幼儿园的情景,这是我人生中的第一份工作,内心充满激动、兴奋和对未知的彷徨。张园长对我说的第一句话是:"欢迎你,我们幼儿园的男老师。"

"男老师"三个字深深印在了我的心里。作为为数不多的男老师之一，我的内心有一个声音：不仅要照顾好孩子，也要照顾好女老师，我第一次感受到男人的担当！

第一次走进班里，眼前是孩子们在区域进行游戏的场景，我看到孩子们在自由自在地玩耍，整个教室每个区域都有孩子的身影，每个角落都有各种玩具，时不时还有孩子跑过来找老师寻求帮助，我心里有点没底：幼儿园里每天都是这种场景吗？这么多孩子，怎么管？这时，我突然看到一位老师竟然"隐藏"在孩子们当中，和孩子们一起玩耍。我看到老师和孩子们打成一片，孩子们很自然地扑到老师怀里，就像好朋友一样，这个温馨的场景立刻感动了我。我也想成为这样的老师，做孩子们的好朋友。

我对新角色适应很快，几天就和孩子们玩在了一起，赢得了孩子们的认可。而"男生能拿绣花针"这件事，也让我在幼儿园"扬了名"，吸引了同事们的眼光。同事们都很惊讶，一个男性竟然会"穿针引线"，会给孩子们缝衣服，因为我年龄小，大家都亲切地喊我一声"弟弟"，而"弟弟"这个亲切的称呼也一直沿用到现在。

魅力幼师——坚定信念

逐渐熟悉了幼儿园的工作后，我开始思考，身为男教师我可以带给孩子哪些不一样的体验？我决定和孩子们在运动中更好地成长。

我主动向体育老师请教一些有关体育运动方面的知识，学习和思考作为男教师应该怎样发挥自己的优势去和孩子们游戏、互动，让孩子们感受到男性角色的勇敢、担当和力量，用我的阳光心态去影响孩子们。所以，我们班的户外游戏逐渐变得和其他班不一样了，我们玩得更大胆、更开心，我们班的孩子都多了一个新技能：只要我伸出手去，孩子们就可以顺着我的手臂像小猴子一样爬到我的身上来。而且，他们也喜欢主动向我寻求帮助。有一次，小桃子妈妈和我沟通时提到："真不愧是你的学生，在家里整天念叨你，你的地位都比他爸爸高了，她每次找爸爸帮忙时，只要爸爸弄不好，她都会埋怨爸爸比不上黄老师。每次爸爸和她玩、想抱她的时候，她会说'你以为你是黄老师啊，想抱就抱'。"我哈哈大笑，虽然这只是一件小事，却给了我莫大的动力，因为我真的走进了孩子们的心里。

幸福幼教——砥砺前行

在幼儿园男教师这条职业道路上，我不断收获着作为教师的幸福，这份幸福来自孩子们的反馈，来自对自我的挑战和突破，来自跟团队共进步的喜悦。

在工作的第三年，我被大家推选为生教组组长，随后又担任了班主任。我对孩子们无微不至的照顾和关心，营造的宽松、自主的班级氛围，让班级始终充满爱和自由。我用心记录孩子们在幼儿园的表现，用镜头捕捉孩子们游戏中的精彩画面，观察他们的饮食、饮水、午睡情况，关注他们社会交往能力的发展，每天都要和不同的家长进行沟通、交流。我会提出一些关于孩子们成长的建议，也让家长们感受到我的细心和责任心。我收获了家长们的认可和信任，更收获了坚持下去的动力。

记得有一次节日活动，我们请来了几个孩子的奶奶进班参加活动。在活动结束后，小鱼儿奶奶拉住了我，说："黄老师，我要好好地谢谢你，我们小鱼儿现在变化很大，他爸爸忙，以前很少陪他，回家他都不理爸爸的。自从你带了咱们班，小鱼儿每次回到家都会跟我们讲你是怎么和他玩的，现在他可喜欢和爸爸玩了，胆子也大了许多，是你让他变得更大胆、更自信了，真的谢谢你！"听了这些话，我心里非常温暖。在幼儿时期，更多的是妈妈参与孩子的成长，幼儿园也是女老师居多，在这个成长关键期，我觉得有一位男性陪伴孩子成长，会对孩子们的发展有着更全面的作用。

给家长们发通知时，我都会和班里两位老师商量。我认为在一个班级里，每位教师都必须与其他教师建立信任，尊重他人。如果没有同伴的信赖，没有良好的人际关系，工作很难得到很好的贯彻和落实。在班级三位老师的默契配合，以及家长的信任与支持下，我们班很荣幸地被评为集团的"爱凤翔"班级，这是一份沉甸甸的荣誉，是认可，是鼓励，更是我的动力。

在幼儿园的每一天，我的心里、眼里都是孩子，我感觉自己有时候像父亲，有时候像兄长，有时候像玩伴。我常常觉得在我的两个心房里，一个装着良心，一个装着责任。不少家长也向我感慨道："有男老师陪伴的童年，真是精彩不断！"

幼儿园的男教师，很多时候更容易得到大家的关注和关心，不过，身为一名幼儿教师，幼儿园不会因为你是一名男教师而"开绿灯"，你要有坚定的职业信仰，要为人师表，要体现作为男教师的价值，归根到底就是要有"爱和责任"。所幸自己这些年来一直保持着爱孩子的初心，带了一批又一批孩子，也一直保持着一种乐观的心态。很幸运一直以来遇到的每个人都给予我鼓励，遇见的每一批家长都很积极地配合我的工作，让我在成长道路上一帆风顺，我心存感激，也很庆幸自己选择成为一名幼儿园教师。

"桃李满天下，春晖遍四方。"愿我的这份爱润物无声、潜滋暗长，如涓涓细流、永无止息！

共融　共生　共长
——男教师成长故事小记

浙江省宁波市象山县天安幼儿园　李鑫雨

一直以来，幼儿园教师这一职业被女性一统天下。心理学家指出，男教师在幼儿发展中有无可替代的性别优势。从幼儿发展的角度来说，缺乏男性幼儿教师的环境不是幼儿未来生活的真实世界，一个男女兼具的育人环境更有利于幼儿的健康成长。但幼儿园男教师的匮乏是如今整个幼教行业的普遍现状。目前，我国幼儿园男教师在幼儿园教师中占比极小，而我就是这其中的一分子。不知不觉，加入幼教这个行业已经有五年时间，五年多来，在天安幼儿园"悦己纳人，幸福成长"办园理念的熏陶下，我与孩子们共同成长，收获了累累硕果。接下来我将从四个"悦"字出发，说一说这五年多来我的心路历程。

一、悦融——满腔热忱 相互融合

时间回溯到2017年8月，初出茅庐的我应该如何与同事相融呢？我怀着忐忑的心情踏入了天安幼儿园的大门，迎接我的是一所美丽的欧式幼儿园和一个热情洋溢的团队。我瞬间喜欢上了这种氛围，心中也燃起了浓浓的教育热情。但在工作开始后，我才发现自己空有满满的热情却无处释放。作为幼儿园中唯一的男教师，我没有可以尽情交流、尽情分享的对象。教工食堂里的我形单影只，工会活动中的我也是茕茕孑立，唯有在上班、下班时与门卫师傅有着热情的互动。作为幼儿园的一分子，我也希望能够融入集体，但由于性别的不同、爱好的不同，我怎么也找不到一个好的切入点。我把问题抛给了我的师傅陈园长，陈园长的一番话，让我恍然大悟，她说："女老师们喜欢什么并不重要，你只要发挥出男性的魅力就好。"为了更好地发挥自己的男性魅力，一有重活、累活，我总是冲在前面；在与女教师的探讨中，我踊跃提出自己的想法；我还揽下了不少从未尝试过的工作，如幼儿园各类系统的操作管理、信息技术应用等。渐渐地，我感觉自己已经融入了这个大家庭，"孩子"成了我与女教师之间的重要话题，我的能力也得到了同事们的认可。在园内，虽然只有我一位男教师，但在园外，我同几位男教师在县教育局的牵头下也组成了自己的"幼儿园男教师小分队"——象阳男幼联盟。我们通过送教、网上研讨、教学展示等活动发挥幼儿园男教师的"辐射"作用，发挥出"1＋1＞2"的力量。在外出培训时，我们与全国各地的幼儿园男教师进行交流，收获了满满的职业认同感，对男教师在幼儿园中的定位也有了更深层次的理解。在与同事们的相处中我发现，自己其实还是一个童心未泯的孩子。

二、悦玩——童心未泯 肆意共欢

根据心理学家的分析，男性与女性在思维方式上有很大的不同，作为一名男教师，我会站在男性的角度来思考幼儿抛给我的问题。

在一次晨间接待中，我们班的小帅望着阴云密布的天空，问我："小

幼儿园的男教师

李老师,今天是不是不能出去玩了?"看着孩子失望的表情,我也反问着自己:"阴天、雨天就不能出去玩了吗?"如果我是孩子,能在下雨天出去玩一定会是一件非常有趣的事情。我立刻向主班老师提出了我的想法:让孩子们穿上雨衣和雨鞋,一起去雨中游戏。但主班老师接连抛出的几个问题却让我心凉了一大截:衣服弄湿了该怎么办?活动时间是否充足呢?……面对这些问题,我一时哑口无言,不知道该如何回应。有好的想法,但没有好的预设,一切都只能是空谈。虽然这次被拒绝了,但我带孩子们在雨中游戏的想法仍然"蠢蠢欲动"。回家后,我认真思考了这几个问题,自己重新设计了活动:请家长为孩子准备好雨具和一套更换的衣物;教师准备好吹风机、烘衣机,做好生活护理;活动安排在区域活动的时间进行。在查询了天气预报之后,我再次向主班老师提出了自己的想法,这一次我得到的不再是质疑,而是肯定,主班老师对我说:"你还真是跟孩子一样啊!"就这样,在进行了充足的准备后,孩子们穿上雨衣,换上雨鞋,一起在雨中嬉戏。伸出手,感受绵绵的春雨;打开伞,看看旋转的雨花;张开嘴,尝尝春天的"味道"。而我也换上雨衣与孩子一起玩耍。本次活动的"缘起"小帅小朋友,用力地抱住我的大腿对我说:"小李老师,实在是太好玩了!"

　　这样充满奇思妙想的游戏还有很多。这天早上,孩子们玩着"车轮滚滚"的游戏,但没过一会儿都坐到了一边,嘴里喊着"累了,累了"。我一眼识破了他们觉得无趣的想法,开始想办法把他们拉回游戏中。没一会儿我便用"车轮滚滚"游戏中用到的长布条变出了一张"小飞毯",随后马上请来了几位"试驾员"。当我拉起承载了四个孩子的"小飞毯"时,一旁喊累的孩子立马挺直腰板冲了过来。看着在操场中穿梭的"小飞毯",一张张小脸都露出了好奇的神情。几位女老师也凑过来想要一展身手,但由于力气不足,"小飞毯"没能"飞"起来,其中一位女老师笑着说道:"这游戏看来还是要男老师才行呀!"当看到孩子们幸福的笑容时,我好像找到了自己的答案:我要做一个让孩子们尽情欢笑的伙伴,做一个快乐的孩子王。在与孩子们肆意共欢后,又有一道难题摆在了我的面前,那便是家长工作。

三、悦心——付诸爱心　相互接纳

作为幼儿园唯一男教师的我在家长眼中只是一个"体育老师",并非一个值得信赖的幼儿教师。尽管如此,我并不气馁,调整好心态,更细心地对待孩子和家长。

这天是小一班的家长开放日,孩子们和家长们都早早来到了幼儿园。诺诺和他的爸爸妈妈也来了。诺诺爸爸过来亲切地拍了拍我的肩膀,说:"小李老师,你今天也要上课吗?"我回答道:"对啊,我今天要给小朋友们上一节体育活动呢!"诺诺爸爸笑着问道:"小李老师是专门上体育课的吧?"我马上回答:"幼儿园里社会、语言、艺术、科学等集体活动我都会上的!"诺诺爸爸一脸好奇地反问道:"你会上音乐课?"我自信地说:"对呀!当然会上。为了小朋友们全面发展,我们老师也是要全面发展的。"一旁的几位家长都笑了,糖糖妈妈说:"我听糖糖说,小李老师唱歌可好听了!"我想:今天正是我表现的机会,给家长们露一手。于是,我连忙找主班张老师商量,在半日活动中,但凡需要钢琴弹奏的环节都让我来参与。当我带着孩子们弹唱完一首儿歌后,围观的家长们都纷纷为我鼓掌,诺诺爸爸又来拍了拍我的肩膀,说:"小李老师辛苦了,我还以为男老师只会上体育课呢,原来小李老师这么多才多艺啊!"

为了向家长证明自己的能力,我在各个方面努力着。在保育方面,我积极向老教师讨教,不放过一丝一毫细节,如:在盥洗活动中,我提醒孩子们把袖子卷起来再洗手;在体育活动后,我领着孩子们一起喝水、擦汗。在教育方面,我认真负责,发挥男教师的特点,密切关注幼儿在健康领域的成长,经常与家长交流幼儿在体能方面的发展情况。在家园沟通方面,我也充分利用自己的信息技术专长,建立了家园信息共享平台,对幼儿的在园表现进行实时记录,与家长共享,实时互动。在我的努力下,我们班的家长从好奇、观望、不信任,慢慢转变为接受、肯定我这个年轻的男教师。

四、悦己——明确目标　砥砺前行

在过去的几年中,我曾遇到不少转行的转折点。作为一个男人,我的身上也担着娶妻生子、养家糊口的重担,又何尝不想换一份待遇更好的工作呢?但转念一想,如果转行我的专业是不是就荒废了呢?因此,我断绝了转行的想法。从此之后,我明确了自己的发展方向:我要做一名幼儿园教师,做一名优秀的幼儿园男教师!

确定目标后,我对自己的专业成长有了更高的要求,在扎实地完成本职工作后,我也积极参与到各项活动中。在教研活动中,我努力表达作为男教师的想法。在一次户外体育活动的研讨中,我提出了自己的意见:过分的保护对于幼儿的发展只有坏处,教师应该学会适当地放手,只有这样,孩子才能培养出不怕挫折的性格。我的这一番话也引发了女教师们的强烈讨论。在报名市基本功比赛后,我发现了自己在说课方面的不足,连忙找到我的师傅向她请教说课的方法。经过反复撰写说课稿、多次试讲后,在市基本功比赛中我一展男教师的风采,获得了一等奖的佳绩。在幼儿园"木工坊"中我也大展拳脚,在"木工坊"这一区域向孩子们开放前,为了让孩子们更高效地习得各种工具的操作经验,我身体力行,为女教师们进行示范操作,耐心地为她们讲解各种工具的使用方法以及安全注意事项。作为一名党员,为了保持自己的先进性,我积极参与党课比赛,并获得了良好的成绩。在工作之余,我通过面试加入了象山县合唱团,并代表象山县进行多次演出、比赛,在提升舞台经验的同时,拥有了更多的展示机会。

"悦融、悦玩、悦心、悦己"正是我在这几年成长中累积的心得。这些心得都将成为我幼教之路上不可或缺的基石。在今后的幼教生涯中,我将继续以幼儿园男教师的身份与幼儿一起共融、共生、共长!

一名幼儿园男教师的担当

浙江省丽水市实验幼儿园教育集团　雷冬鸣

我是丽水市实验幼儿园教育集团的一名男教师，2013年8月入职，工作刚满十年。我从小就想当老师，但没想到会被学前教育专业录取。在大学期间，学前教育专业除了要学好专业理论知识外，还需要学习弹、唱、跳、画等技能。然而由于从小没有接受过这方面的专业练习，我们感受到了很大的难度。为此许多男生都改了专业，原来班里的十位男生最后只留下了两位。我是班长，本来也可以选择转其他专业，但是，我想，是不是幼师更有挑战性？因为男教师少，幼儿园是不是更需要呢？因此，面对幼儿教育这些专业技能上的挑战，我没有退缩，而是选择不断地加强学习。现在看来我的选择是正确的，因为我越来越喜欢孩子，越来越热爱这份工作。

十年间，随着幼儿教育事业的不断改革发展，幼教的观念与实践也与时俱进，发生了重大而深刻的变化，幼教事业正向着更加人本化、专业化、规范化的方向发展，而幼儿园教师的基本理念也随之更新。《幼儿园教师专业标准》中提出的"幼儿为本""师德为先""能力为重""终身学习"等基本理念，反映了新形势下教师专业发展的丰富内涵。我也始终秉持着终身学习的理念，因为我认为作为孩子成长的引导者、合作者、支持者，我们需要不断地更新幼教知识结构、提升自身综合素养，从而做到因材施教，潜移默化地影响孩子，成为他们学习成长路上的引路人。

十年间，虽然有挫折，也很辛苦，但我每一天都很充实、很快乐，我收获了孩子们的爱，家长们的赞许，同事们的肯定，这一切也促使我成长为一名专业的、社会认可的幼儿园男教师。

责任在肩，做一名优秀男教师

刚开始工作时，我是一位专职体育老师，带活动时，孩子们有的哭，有的闹，有的甚至要"出逃"。面对这样的情景，我很多时候都束手无策，完整地完成一个教学活动是我最大的愿望。因此，我用心向同事们请教，悄悄观摩老教师与孩子的互动模式，继续学习专业知识，不断潜心实践，不断积累案例，半年以后我上体育活动就收放自如了，我从孩子们的眼神中看到了他们对我的喜欢。

三年后，我主动提出进班里带班，带班虽然更加繁琐而劳累，但我认为要当好一名优秀的教师必须要带班，专业发展才能更加全面。记得我第一次带小班时去家访，我内心充满了激动与紧张。激动是因为这么多年来，作为一名男教师，我终于有机会与小班家长面对面沟通，对自己来说是挑战，也是锻炼；紧张是因为新生家访可不是一件简单的事情，家长们会认可我吗？我想让自己与家长的初次见面更加有意义，因此，在家访之前我做了充足的准备，事先和家长们线上联系，打电话预约时间，准备幼儿基本情况调查表、幼儿身体情况告知表、新生家长必读手册等材料，还给每个孩子精心准备了小礼物。"笑笑"是我新生班级里第一个被家访的小朋友，她是一个女孩子，爸爸妈妈都是"90后"，非常年轻，当我第一次发信息联系她的爸爸，准备预约家访具体时间的时候，她爸爸发回信息："你是男老师啊？"隔着手机屏幕，我甚至能感受到家长的内心对一个男老师带班满是疑问。我简单地回复了"是啊"，并加上笑脸表情。他爸爸再次回复："男老师会细心吗？"首次交流就在这样的情境下结束了。之后在约定的时间面对面交流时，他们一家人就幼儿教育的一些问题轮番和我进行了细致的探讨，我和孩子也进行了互动。在一遍遍不厌其烦的交流后，他们终于打消了顾虑，认可我是一个比较细心、有耐心的男老师，而且孩子也很喜欢我。

家长们的一个个问号，就像一个个警示符，时刻提示我这个男教师，需要更加细心。开学后，我对小朋友们无微不至的照顾和关心，我营造的宽松、自主的班级氛围，让我的班级始终充满爱和自由。我用心记录着班级里所有孩子在幼儿园一日活动中的表现，用镜头捕捉孩子们游戏时的精彩画面，及时和家长反馈、沟通孩子在园内的表现。他们吃饭和吃点心的情况，喝水的情况，午睡的情况，活动中的小摩擦，等等，只要是家长关心的任何细微小事，我都能如数家珍般反馈给他们。事实证明，作为一名男老师，我和家长沟通、交流的模式更加轻松，更多的是以朋友的形式进行交谈，我会给出一些关于孩子们成长方面的建设性建议，也让家长们觉得我是一个非常有责任心的老师。

确实，作为一名幼儿园男教师，在带班的每个日日夜夜，我的心里、眼里都满是孩子们，我有时候像父亲，深爱着每一个孩子；有时候像大哥哥，呵护着每一个幼儿；有时候像玩伴，和孩子们一起探索、挑战和学习。因此，我常常觉得在我的两个心房里，一个装着良心，一个装着责任。从小朋友入园的晨间活动、区域游戏活动到户外体育活动，我处处用自己的一颗真诚的心感染他们，把握每一个细微的教育机会，充分利用一日活动中发生的各种突发事件和孩子的"哇时刻"进行教育和探索，让孩子们在教师的爱心里收获阳光和幸福。

在班级管理上，我扬长避短，充分发挥男教师的优势，促使孩子们加强自我管理，而我的加入也让班级更有活力了，孩子们在我的带领下更加阳光、自信、勇敢。研究发现，男性对幼儿教养的参与度越高，幼儿的性别角色意识越强，性别行为的塑造越健康，性别社会化程度越高。因此，幼儿园需要男教师，而我就是要在促进幼儿性别社会化方面起到独特、积极的作用。

从我当班主任带第一届孩子开始，便充分给予孩子自由、自主的活动空间，给予他们每天超过2小时的户外活动时间，这也使我班孩子的视力非常好，几乎没有视力问题，是全园最活泼、阳光、自信、身体素质最好的一批孩子。毕业后的孩子家长也向我感慨道："有男老师陪伴的童年，真是精彩不断！"我想，这就是对我工作的最大认可，现在家长们都想把孩子送到我班呢！2017年，我被评为市直学校学生"最喜爱的老师"。

不知不觉，我已经完成了幼儿园两届带班任务，现在开始带新一届的小班，我希望在我的带领下，每一届的小朋友都有多姿多彩的幼儿园生活……

奉献在心，做一名党员模范生

从教以来，有人常常会对我开玩笑，说："幼儿园是你家啊？天天待在幼儿园。"我笑着回答："是啊！"近十年来，我在丽水市实验幼儿园教育集团工作，在这里扎根，在这里成长，在这里收获荣誉。陪伴孩子们成长的日子里，四季轮换，岁月变迁，孩子在变，故事在变，依然不变的是我教书育人的初心，一颗笃定爱岗敬业的奉献之心。

作为一名党员教师，我在幼儿园里就像"一块砖"，哪里需要就往哪里

"搬",从"要我做",到"我要做",主动做好"分外事"。我每天都充满激情地穿梭在幼儿园的各个场地上,随叫随到,总能快速地出现并帮忙解决问题,凸显出一名男教师的担当。

每次节假日值班安排,我都愿意帮助大家协调时间,需要我的时候,我能随时就位。还记得2018年暑期,幼儿园整体进行装修,一个暑假的时间,每天都施工,需要老师们监督和沟通,有时甚至需要搭一把手。而我作为男老师,主动在前,乐于奉献,几乎每天都到幼儿园的工地上帮忙,带领工人熟悉教室,玩具货物的搬运、清点,水电、网络线路的布线等事情,我都帮着一起落实。一个假期,我几乎没有休息,人瘦了,脸黑了,但当我看到一个崭新的幼儿园时,觉得一切都是值得的。

我刚进园时虽然是一名专业体育教师,但深知幼儿园党建工作的重要和繁忙,于是我主动承担起园区党支部党务工作,负责开展每月的主题党日活动、党员的学习教育、创先争优、思想宣传、党费收缴等。同时,我主动发挥"我是党员我在前"的先锋模范作用,利用教育教学工作以外的时间,组织开展一系列党员学习竞赛、志愿服务等活动,用成效回报党组织。幼儿园党支部党务工作一直坚持至今,2022年,我园党支部被评为丽水市直"先进基层党组织",我先后获得了丽水市市直优秀教师、优秀班主任、优秀党员、优秀党务工作者等称号。

研究在专,做一名专业探索者

作为一名男教师,除了要做到和女教师一样细心、耐心,我更要擅于思考、敢于创新、勇于实践,细心观察与研究幼儿的每一个闪光点,认真去做好关于幼教的每一件事,展现男教师的特有价值。

在我做一名专职体育教师的时候,每天早晨入园,我会在各个活动区观察孩子们晨间自由游戏活动的情况,在陪伴他们玩耍的同时,我也发现了许多问题,例如:当所有班级的孩子同时出来活动的时候,区域的划分是否会对孩子们的运动过程产生干扰?材料的投放是否合理有效?教师应该如何指导孩子们进行正确、规范的体育锻炼?如何提升孩子们在运动中的自我保护能力？等等。我都细心地一一做了研究，并给出了合理的建议，也得到了领导和同事们的专业认可。通过几年的观察和不断调整、优化活动，在我的努力下，幼儿园的户外体育活动变得更加科学、有效、丰富和有趣了。

游戏是幼儿园的基本活动，因此，我觉得一个受欢迎的男老师，在幼儿园里应该是一个"游戏高手"，应该比女老师更会玩、敢玩。于是，我在自己擅长的健康领域进行了深入的研究，变着花样地开展游戏活动，给班级里的孩子们带来一些与众不同的游戏体验。我和孩子们在自由游戏活动中一起探究材料的新组合、新玩法，例如滚筒、绳子、垫子、木质圆柱的多种组合玩法，我带领班级的孩子玩出了新体验，大大丰富了幼儿园的晨间活动，提高了幼儿户外运动的质量，大量的创新游戏也给同事们带去了参考借鉴的价值。2018年，我获得了丽水市幼儿园教师专业技能比赛二等奖，2022年，再次参加全市幼儿园男教师组别的观点报告，获得一等奖，我设计的教学活动多次到各县市开展送教活动，受到广大同行的好评。

我通过实践总结，撰写的《浅谈减少大班幼儿体育运动中意外受伤概率的策略》荣获"2017年浙江省幼儿体育与健康发展论坛"论文评审二等奖。为鼓励孩子们在游戏中学习，我利用游戏活动研究课题《"游戏工厂"——幼儿园常用体育材料创意新编游戏的实践研究》，借助常用的体育材料创编新游戏，帮助幼儿在游戏体验中开发智力，课题获得市基础教育教学成果三等奖。我通过观察与思考，发现幼儿健康运动方面存在的一些缺失问题，并对此进行研究，2022年我主持的课题《幼儿园体育活动提质实践研究》被市教育科学研究院立项为重点规划课题并获得了市级一等奖。

最后，我觉得想要实现作为幼儿园男教师的价值，必须有"爱"，爱孩子、爱职业、爱幼儿园，这是基础；还要有奉献精神、责任意识；以及会研究、会实践。如此才能实现一位幼儿园男教师的担当。

守望幼教 守望青春

浙江省湖州市实验幼儿园 刘军

我是湖州市实验幼儿园的一名男教师，2004年入职，在幼儿园工作了近二十年。从一名懵懂的实习生到幼儿园中的行家里手；从职场小白到市级教学能手、学科带头人；从音乐舞蹈教育专业到学前教育专业；从当初的失落、迷茫到现在的自信、自豪；从湖南株洲到浙江湖州，只为守护心中那最初的梦想，不忘初心。二十年的幼教工作，有辛苦、有心酸、有挫折，但在成长的过程中，在见证孩子的成长的同时也见证了自己的成长，充满挑战、快乐、自豪。

守望，只为不能忘怀的初心

一滴水，从孩子的手中滴落……啪！跌落于生宣纸上，慢慢地浸润开来，像梨花怒放，像芙蓉出水，更像是一朵飘然而至的云……看到眼前的景象，孩子们发出了"哇"的一声惊叹。

接着，一滴墨落在了宣纸上，黑色的墨，仿佛是一叶自由的小舟，在

幼儿园的男教师

不大的宣纸所生出的一方天地中，恣意纵横。这是我们组织教学活动的日常，是一场水墨游戏，也是一场教育艺术的表演。沉浸其中的孩子们，是一群活泼的鱼儿，兴致盎然，自由自在……还有什么比这样的教育更能让孩子们得到发展的呢？

2004年，我从湖南工业大学音乐学院舞蹈教育专业毕业，踏入幼儿园，和许多新老师一样在懵懂中开始了自己的幼教生涯。工作伊始，我不知道自己该做什么，茫然地跟着其他老师走走看看，别人做什么，我就做什么。最初到幼儿园，对孩子没有多少了解，虽然在本科学的也是教育专业，但中小学教育和学前教育是完全不同的，隔行如隔山，我对幼儿教师的角色没有什么概念。

教师和孩子一起成长，首先要爱孩子，爱孩子又能认真工作，总有一天会对教师这个职业有所悟。一个"悟"字，道出了幼儿教师成长过程中需要耐心，需要毅力，更需要一颗热爱幼儿之心。

像爱自己的孩子一样，爱护身边的每一个孩子；关心他们的生活，关爱他们的心灵，播撒"真、善、美"的种子。这也是我从教二十年的真实写照，不忘初心，不负使命。

说到"开悟"，它源于一次音乐活动。一次组织孩子们欣赏音乐《金蛇狂舞》时，由于音乐节奏快，孩子们欣赏不来，一阵挫败感油然而生。怎么让孩子欣赏这首音乐？怎么用音乐和孩子一起玩游戏？该如何解读孩子们的表现、表达？……我当时很迷茫，也很无助。究竟该如何组织幼儿音乐活动？怎样才能让孩子喜欢参加我的音乐活动？我不断反思。我开始自己琢磨教案，开始关注老教师的教学模式，开始在网络中寻找素材，开始观察、分析孩子的表现……这一刻，我的幼教生涯才开始真正"发芽、生长……"

守望，只为呵护幼儿的天性

觉得自己笨，就开始读书吧。我读南京师范大学许卓娅老师的各类音乐教育专业书籍，读《指南》，读罗恩菲德的《创造与心智的成长》等专业书籍；我开始访学，去青少年宫、湖南师范大学、长沙幼儿师范学院；我开始拜师，许卓娅、刘亮辉、周丛笑、卞娟娟……只要有时间我就去听这些老师们的课，尝试着大胆设计、组织各类教学活动。我慢慢地认识到："儿童不同于成人。孩子有自己看世界的视角，他们眼中的世界和成人的世界是不一样的。"仿佛有一束光照亮了在黑暗中摸索的我，我渐渐找到了幼儿教育的核心价值：了解幼儿的身心发展特点、发展需要和独特的学习方式，关注他们对美的感受和表达，在游戏中获得学习与发展，在玩中体验生命的成长和快乐……

让孩子尝试用自己的方式去表达，在孩子表达、呈现时抛弃"像与不像"，带着孩子玩"记录游戏"：听音乐后记录、阅读后记录、游戏后记录……这样的教学内容和方式，受到了孩子们的欢迎。

在一次活动中，有个孩子将苹果涂成了黑色的。等孩子涂完之后，我请孩子说说原因，倾听孩子的想法。原来，孩子是不想让白雪公主吃到毒苹果，白雪公主看到黑色的苹果就知道苹果有毒，就不会吃了。我真的因孩子的善良而感动，被孩子的想象力折服。创造力人人都有，尤其是孩子，他们的创造思维十分活跃。保护孩子的好奇心，培养其创新精神，是我们幼教工作者最重要的职责之一。

注重呵护幼儿的天性。记录表征是孩子们的一种语言，一种情感表达的途径，其中蕴藏着一个个小故事，蕴含着丰富的儿童想象，蕴藏着幼儿的天性。教师要保护好孩子的天性，让孩子在表达的过程中获得发展，孕育出走向未来的能力。参加一个活动，创作一幅作品，在此过程中孩子接受的应该不仅仅只有美术教育。教师组织活动时，要考虑到促进孩子的创造力、审美能力及情感等多方面的发展，这样的活动才有教育价值。

要想做一名专业功底深厚的幼儿教师,唯有投身于教科研这片真正锻炼人、造就人的领地。

守望,只为遇见最好的自己

2004年—2015年,我在株洲市幼儿园从一名实习生到一名骨干教师再到管理岗位,感受到能力真的是任务逼出来的,是责任心培育出来的,也是敬业心锻炼出来的。工作岗位几经周转,从幼儿园到高校,又从一名高校专业教师做回幼儿园一线教师,我的初心一直都在,为了自己喜欢的事业,能屈能伸,毫不在意。从湖南株洲到浙江湖州,从熟悉的城市到陌生的城市,我感受到家人在一起是多么的重要,家庭和事业是同等重要的,因此我特别感恩领导的成全。2015年—2016年,我被教育部选派到香港教育局学前教育研究中心担任内地支援教师,在这一年中,我汲取香港的教育、文化等各类资源,积极开展两地教育交流活动,为两地教师们搭建了广阔的平台,以园本教研为抓手,以教科研带动教师发展,促进了园所发展。我带领香港的教师们组织日常的音乐领域教学活动,重视教师队伍的专业发展,指导每位教师科学地制订专业发展规划,明确专业发展方向;组织开展富有成效的园本教研;为青年教师上示范课、举办专题讲座,培养了一批种子教师。

一名普通的幼儿园男教师,在不断前行,只为了遇见更好的自己。

德国哲学家雅斯贝尔斯说过:"教育的本质意味着:一棵树摇动另一棵树,一朵云推动另一朵云,一个灵魂唤醒另一个灵魂。"作为一名有教育情怀的教师,我一直尽自己最大的能力来影响、帮助、成就更多教师的梦想……

幼儿教育之所以美好,从来都是因为有一群心怀梦想、面向朝阳的幼教人。幼儿教育有着无穷的魅力。我会继续坚守自己的岗位,倾情付出,不断提高教学水平,尽我所能培养年轻教师,为学前教育教学与研究努力贡献自己的一份力量!

幼儿教育是最美好的事业,值得我用一生去奉献和守望!

特别的爱，给特别的你

浙江省杭州市临安区龙岗镇中心幼儿园　罗俊平

我是杭州市临安区龙岗镇中心幼儿园的一名男教师，2016年9月入职，至今工作已经六年多了。一直以来，我觉得教师这个职业是充满神圣感又有独特魅力的，因此，在我的心中一直种着一颗当人民教师的种子。直到我被儿童康复（残疾儿童学前教育方向）专业录取，我心里的这颗种子才开始慢慢发芽、生长，这个专业是将特殊教育和学前教育融为一体，是"融合教育"背景下的一个专业，因此，在大学期间我既要学习特殊教育理论并参加外出实践，也要专注于学前教育的理论学习和技能练习。当时同班的很多同学都改了专业，或者是毕业之后直接选择了与专业无关的工作。但是对我而言，一切都是新鲜的、充满挑战的。在大学期间，我积极参与校外特殊儿童机构的跟岗和实践活动，并入选学校乐团，代表学校去各个地方进行比赛和演出。我努力提升自己的专业能力，只为毕业之后可以为"融合教育"贡献自己的一份力量。在毕业之后，本可以选择直接进入特殊教育学校工作的我却选择了进入陌生的幼儿园里实习，因为我希望可以通过自己的力量，让幼儿园里有特殊需要的幼儿可以更好地融入集体生活，同时引导更多的普通幼儿尊重和接纳这些有特殊需要的儿童，帮助他们在同一片天空下健康快乐地成长。在幼儿园工作的这些年，我虽然遇到了很多挫折，但是我的生活很充实、很快乐，我收获了孩子们的喜爱、家长们的赞扬和同事们的肯定。渐渐地，我也成了幼儿园里最"特别"的一位男教师。

一、基于特需，做一名优秀男教师

刚进入幼儿园工作时，同事们都说现在幼儿园的男老师实在太少了，特别需要像我这种阳光帅气的男老师。于是，第一年我便被安排进入班级带班，也因此我发现幼儿教师真的都是全能高手，什么都要会！梳头发、绘画、排舞蹈、主持等等。但这些工作对于当时的我来说真的是太难了，这和我想象中的完全不一样！刚接触主题环创时，对于纸的种类、边框的设计、颜色的搭配等，我都无从下手；面对班级里的各项活动，我也是束手无策，当时能完整地组织一节教学活动就是我最大的心愿了。记得第一次带幼儿上体育活动时，孩子们中途直接和我玩起了捉迷藏的游戏，我通过各种方式呼唤他们，但是他们始终不为所动，后来还是在主班教师的帮助下才结束了这场"闹剧"。虽然当时觉得又好气又好笑，但这也让我警醒，我要学习的东西还有很多，从那以后我便开始向同事们请教带班经验，认真观摩和记录老教师的教学活动和游戏活动，通过书籍和视频学习环创技能以及师幼互动的方法。我相信只要肯努力、肯钻研，我一定可以成为一名优秀的幼儿园男教师。

两年之后，我成了一名大班的班主任。这对我来说又是一个全新的挑战，但最难的应该还是如何面对家长们的种种质疑："男教师能照顾好我女儿吗？""男教师不会很凶吧？""男教师会梳头发吗？"家长们的一个个问号，就像一个个警示符一样，时刻提醒着我，督促着我，要付出比女老师更多的耐心和细心，才能获得家长们的信任和支持。记得第一次开家长会的情景，平时我面对一位家长都会紧张得说话结结巴巴，更何况要面对整个班的家长。当面对台下一群妈妈们的目光时，我感到前所未有的尴尬和无助，最后我还是硬着头皮开完了第一次家长会，也正是因为这次家长会，我对家长工作有了更多的理解和思考，也为我接下来的家长工作做了一个很好的铺垫。后来实践证明，男教师与家长交流的模式相对会更加轻松、简单，家长更容易与老师进行深度的交流，同时，男教师也能够给予家长们更多关于亲子陪伴、体育运动等方面的针对性建议。通过一年的班主任工作的历练，在最薄弱的家长工作和教育教学上，我都有了明显的进步。2020年，我荣获区级"天目新苗"称号；2022年，在学科专业技能展示上荣获区级三等奖，并多次到县区开展送教活

动；同年我还荣获了"优秀教师"和"先进工作者"称号。

在班级管理上，我充分发挥男教师胆子大、动手能力强的优势，从培养幼儿的自主管理和动手操作能力入手，让幼儿发展为自我服务的能力，树立为他人和集体服务的意识。同时，我也会充分发掘幼儿爱玩、会玩的天性，让幼儿敢于参加各项运动，坚持完成每天锻炼2小时的目标，所以我班里的幼儿在运动能力和身体素质方面都特别强，在与他人相处时也显得特别热情、大方。因为我经常是在中班或者大班的时候才去接手其他教师的班级，所以常常会有家长要求将孩子转到我的班级里来。虽然我工作的年限不长，但是我已经带出3届毕业生了，我觉得每一届孩子都会给我全新的乐趣和挑战，每一个孩子都是独一无二和与众不同的。我即将又要结束这一届的带班任务，开启新一届的带班工作，非常期待遇见下一个特别的你们……

二、基于特殊，做一名融合践行者

从教以来，我除了做好幼儿园的日常工作之外，还一直关注班级中有特殊需要的幼儿的融合教育问题，希望借助自己的力量，让班级里的每一个幼儿都能在同一个集体中身心健康、快乐地生活和学习。

在我刚开始工作的一两年时间里，融合教育的理念才刚刚兴起，那时幼儿园里有特殊需要的幼儿还比较少，本以为自己的专业会"无用武之地"，但是，慢慢地我发现，我对于有特殊需要的幼儿的理解一直太片面了，有特殊需要的幼儿不是仅仅局限于身心发展有明显缺陷的幼儿，而是可以涵盖到所有有特殊需要的幼儿，可能是情绪控制方面的需求，交往能力方面的需求，也可能是语言发展方面的需求，等等。因此，我便开始从本班幼儿入手关注和分析每一个幼儿的特点和需求，并且做好相应的个别化成长档案，从而有针对性地与每个幼儿进行交流和互动。同时，通过家园合作的方式，共同为幼儿制订个性化的计划和目标，让幼儿持续、全面地成长和发展。同时，如果其他班级出现了有特殊需要或者令教师束手无策的幼儿，老师们也会过来寻求我的帮助，可能是因为我遇见过、接触过很多有特殊需要的幼儿，所以我比其他教师更明白这些幼儿真正需要的是什么，他们的家长真正担心的又是什么。因此，每次遇到这种情况时，我都会先安抚好教师的情绪，让教师明白这些幼儿的需求和处境，然后结合自己的经验，让教师了解有特殊需要的幼儿其实并不是那么难接近和相处的，从而在根本上改变教师的观念和对待幼儿的态度。

记得在中班的时候，我的班里有一名性格内向、语言表达不清而且常常尿床的孩子。发现这些情况后，我及时与幼儿家长和之前的带班教师取得联系，详细了解了幼儿的基本情况，然后基于幼儿现阶段存在的问题，我们制订了一个"三人行"实施计划，即教师、保育老师和家长的共同行动计划。教师与幼儿个别化交流，拉近与幼儿之间的距离，从而引导和带动幼儿产生主动和同伴进行交往、交流的愿望，同时以"尿床"为话题，以风趣和幽默的方式引导幼儿打开心结，弱化和消除"尿床"带来的心理压力。而保育老师要做好幼儿出现"尿床"行为时的保育和隐私保护工作，防止事件的扩散，造成幼儿心理压力的再次加重。家长则要照顾好幼儿的情绪并做好疏导工作，并及时与教师沟通交流，追踪幼儿的心理变化。终于，经过一个学期的努力后，这名幼儿尿床的现象基本消除了，并且愿意主动加入集体游戏中，在语言表达能力上也有了很大的进步。这件事情也让我更加坚定和明白自己存在的价值以及融合教育在普通幼儿园开展的必要性。后来，随着工作年限的增加，我发现身边有特殊需要的幼儿变得越来越多，情况也变得越来越复杂，幼儿园的融合教育工作也变得十分重要和紧迫。因此，除了提升教育教学和教科研能力之外，我也在持续学习特殊教育的理论，并且继续参与特殊教育机构的实践学习，希望自己可以在幼儿园展现自己的特殊价值。

三、基于特别，做一名专业探索者

在五年的带班工作之后，我渐渐对自己的工作产生了困惑和迷茫："我现在的工作与其他女老师有什么区别？我发挥出作为男教师的独特价值了吗？"带着这些问题，我开始了对幼儿体育锻炼和游戏活动的探索和研究。

作为幼儿园的"运动高手"，我比其他女老师更加会玩、爱玩、敢玩。因此，我将幼儿园的晨间锻炼调整为以项目的形式来开展，划分为骑行区、悬垂区、平衡区、跳跃区、投掷区、技能区和攀爬区，同时将幼儿园的场地、材料和人员进行重组，让幼儿体验与众不同的游戏方式和游戏内容，比如材料的一物多玩和全新组合、游戏场地的自由和多变、游戏规则和组织方式的灵活和自主等，大大丰富了幼儿园晨间锻炼的内容，同时还形成了一套幼儿园独有的晨间锻炼新模式。2020年，我通过实践总结撰写的《幼儿园晨间锻炼项目的设计实施》荣获杭州市临安区科研成果论文二等奖，并将这套模式向周边学校进行辐射和经验传授。

由于幼儿园地处农村，园里大多数幼儿缺乏接受球类活动的启蒙和学习的机会，因此，在幼儿园的主题教学中，我加入了篮球特色课程，并且在晨间锻炼中设置了篮球运动区，让幼儿有充足的时间接触和探索篮球这项运动，最后我还创编了我园独有的篮球运动操。经过两年的实践和研究，我撰写的《四核三维四化：大班幼儿篮球小游戏的设计与实施》《幼儿园大班"篮球运动项目"的设计与实施》两篇论文先后获得杭州市临安区的三等奖和二等奖。

幼儿园里的工作是重复的，但是遇到的每一个幼儿都是独一无二的。只要我们用心、用情去对待每一个幼儿，发现每个幼儿身上的闪光点，你就会发现自己在幼儿园工作中的独特价值。

幼儿园里的"超级爸爸"

浙江省丽水市实验幼儿园教育集团　卢凯

2008年,我从上海体育学院毕业,意外地加入了幼儿园教师队伍。当时,很多人不理解,他们不知道我一个学体育专业的大男生跑到幼儿园当老师,到底会在幼儿园扮演一个什么样的角色。

进入幼儿园工作后,热情的同事们把我当弟弟,小朋友们把我当成大哥哥。工作之初的四年,在"陪玩"中一晃而过。

2010年,大女儿大妮出生,我当爸爸了。我发现自己的内心有了变化,幸福的同时也增添了强烈的责任感:做好爸爸,就要在她成长的过程中保护她、给她安全感;教她勇敢,不怕困难、失败和挫折,勇于挑战;等她长大一些,我会引导她和他人合作,有团队精神……

大妮的到来,让我思考了很多。我学会去关注孩子、观察孩子、理解孩子。我更加关注孩子们的情绪、情感发展特点,我想我可以做一个幼儿园里的"爸爸",一个有趣的、会研究的、有特长的"超级爸爸",帮助孩子们克服情绪问题。

一、做有趣的"超级爸爸"

针对小班幼儿"易冲动,依赖性强,入园时容易出现情绪问题,如哭闹、攻击或怯生、躲避"等特点,我用"有趣的环境"转移孩子的注意力,用"有趣的游戏"激发孩子的体育兴趣,用"有趣的评价"让孩子乐于挑战,享受成功。

我在园区的环境创设方面下功夫,和大家一起构思并改造出有创意、有层次、有挑战、有变化的户外游戏环境,让孩子们很快被有趣的环境吸引,产生"想玩"的欲望从而减少分离焦虑,同时,有趣的环境也极大地丰富了孩子们体验和探索的内容。

我凭借身体的力量和小班宝宝玩他们最喜欢的"滑滑车""旋转木马""大力士和小秤砣"等有趣的游戏,孩子们在游戏中体验到了快乐,并从我身上体验到了力量和安全感;我更支持孩子们和环境互动,放手去玩,有想法地玩,有挑战地玩。在游戏中,孩子们的体育兴趣日渐浓厚。

对于给孩子们的评价,我设计了一系列特别的动作,如跳一跳击掌、"巴拉巴拉~嘣"击拳、举高高等,用这些爸爸们常用的鼓励和肯定方式,让孩子们乐于挑战,享受成功。我这个有趣的"爸爸"让孩子们越来越喜欢上幼儿园,情绪稳定,并对体育活动产生了浓厚的兴趣。

二、做有研究的"超级爸爸"

孩子们在生活、游戏、学习中会不断遇到困难、阻力和挫折。中班孩子的耐挫力弱,情绪反应强烈,不愿面对困难、挑战困难。

如果遭遇困境时没有得到正确的引导和帮助,孩子就容易表现出畏惧、退缩、失落等消极情绪。为此,我积极拓展有趣的课程,设计科学、合理的体育游戏内容,深耕教育现场,不断积累教学经验,和孩子们共同改善消极情绪。

我在体育游戏中融入"逆境教育",在体育游戏环节设置"困难"挑战情境,让孩子体验成功和失败。比如攀爬游戏,我会在常规性攀爬技能的练习后设置高难度的攀爬挑战,孩子初次尝试会产生不同程度的挫败感。

但当他们看到其他同伴在不断尝试挑战中获得了成功时,榜样的作用会激发他们尝试的勇气并不断克服困难,完成挑战。不断"战胜逆境"就会形成一种稳定的心理,使他们在挫折情境中由被动转为主动。

我关注个体差异,当能力较弱的孩子遇到"挑战"从而产生胆怯和退缩心理时,我会以爸爸的角色用语言鼓励、行动辅助、目光肯定等方式,给孩子勇气和信心。

我经过观察、思考和研究,为中班孩子设计了"高空爬行""会滚动的小身体""好玩的气球"等原创活动,通过研究和验证的教学实践,让

孩子们逐步形成不怕困难和挫折、敢于探索和尝试、勇于突破和挑战等良好品质。

三、做有特长的"超级爸爸"

孩子们到了大班,情绪、情感发展又会呈现出"团队合作意识薄弱,对失败和挫折的承受力差,缺少对失败的挑战尝试"的特点。

我擅长的篮球运动具有"集体性"和"对抗性"等特点,成员间相互协同配合攻守,正反映了和谐互助的团队精神和协作风格;快速获球与反获球的追击、抢夺,需要拼智慧、拼技巧、拼体能、拼力量,需要顽强的意志与必胜的精神。我把篮球活动引入幼儿园,设计多样化的篮球游戏,使孩子们迅速喜欢上这项运动,形成了一种热爱篮球运动的氛围。2017年,丽水市第四届运动会开幕式上,我园大班80个孩子跳的篮球操精彩亮相,大团队合作的精彩表现感动了全场观众。

篮球还具有观赏性和趣味性,我作为孩子们的"篮球爸爸",特别能为孩子们抓住表现的机会。从2016年开始,我就带着他们"南征北战",参加了多届浙江省幼儿体育大会,并取得骄人的成绩。我还通过各种努力为孩子们创造更多的篮球运动表现机会。一次次比赛,给了孩子们展示自我的机会;一块块奖牌,让孩子们享受成功。篮球运动让孩子增强了团队合作意识和集体荣誉感,增强了对失败和挫折的承受力,增加了挑战和尝试的机会。

一名幼儿园男教师的成长故事

浙江省杭州市滨江区东方郡幼儿园　彭启飞

我是杭州市滨江区东方郡幼儿园的一名男教师，2019年8月入职，工作刚满四年。"你为什么会选择学前教育专业？""你是幼儿园男教师啊？""就是在幼儿园带带小孩子吗？"从读大学开始，这些问题就不断被身边的亲戚、朋友问起，他们的语气中往往带有一丝疑惑、惊讶与不解。也许在他们的眼中，只有女生才适合从事学前教育工作，也许他们认为男生当幼儿教师没有发展前景……这些想法也能部分反映出幼儿园男教师所面临的社会现状及其处境。

一、缘于好奇与遗憾

于我而言，当初报考师范类志愿时第一栏填写的是历史专业，因为我平时就喜欢翻看史书，听历史评论，想当一名历史老师。在选填其他专业时我发现还有学前教育专业,"老师,什么是学前教育,这是教什么的?"这是我第一次知道"学前教育"这一专业名词,以及提出的第一个与之相关的问题。"就是教幼儿园的孩子。"高中老师极其简单地解释了这一概念。遗憾的是,在北方农村长大的我并没有上过幼儿园,对于"幼儿园"这一概念也很陌生。不过,这也勾起了我对"幼儿园"的好奇,就在其中一个志愿栏填上了"学前教育专业"。最后,我竟然阴差阳错地被学前教育专业录取了。

带着好奇,我开始了四年本科与两年研究生的专业学习生涯。在这六年中,通过系统的理论学习,我对"学前教育"这一概念有了清晰的认知,通过见习、实习,我对"幼儿园"产生了很深的感情。3—6岁幼儿是学前教育的对象,幼儿园是为这些孩子提供游戏与生活场所的地方。由此,我意识到自己虽然没有接受过学前教育,但是幼年的我成长于一座天然的"幼儿园",那就是农村的大自然。在那里,我种过小麦、花生,养过鸡、鸭、牛、羊;在那里,我用柳枝做口哨,用秸秆逗蚂蚁;在那里,我爬过树、下过河、荡过秋千、捉过泥鳅;在那里,我看过春苗绿油油、夏麦金灿灿、秋果红彤彤、冬雪白茫茫……这些丰富的生活经验是我从事学前教育的宝贵财富,亦是我将带给孩子们的快乐!

二、喜于游戏与童趣

"你考虑过转行吗?""你会一直在幼儿园工作吗?"工作的第一年,会有这样的声音出现在耳边,而且实际的幼儿园工作又与学生时代的见习、实习工作有很大的不同,在从"学生"向"教师"角色转变的同时,心里难免会有一些落差与不适。作为一名刚入职的新教师,在自身情绪状态出现变化的时候,我意识到自身的情绪可能会对孩子的情绪管理产生影响,基于研究的兴趣,我结合自身的感受变化,设计观察表,搜集、整理、分析数据资料,撰写了《幼儿园新教师日常教学情绪的观察研究:以D园为例》,该文在区教育学会论文评审中获了奖。通过此次研究,我也深刻感受到:要想带给孩子快乐,首先自己要身心愉悦。此外,我也会时常审视自己:"幼儿园的工作我能坚持做下去吗?""我该怎样融入孩子、适应环境、提升自我呢?"带着这些疑问,我走近孩子,与他们一起游戏、生活;我观察孩子,分析他们行为背后的原因;我倾听孩子,走进他们天马行空的内心世界。

游戏,是幼儿园的基本活动。玩,是孩子们的天性。作为一名男教师,我认为应当发挥自身的性别优势,要会玩、敢玩,要带着孩子们在阳光下奔跑,释放生命的活力。已取得校园足球初级执教证的我,在幼儿园的支持下定期组织中大班的孩子们参加足球班级联赛,强健体魄,凝聚精神。在活动中,黑白相间的足球"精灵"在草坪上滚动,孩子们纵情挥洒汗水,酣畅淋漓地运动,点燃了激情,成就了梦想,绽放了精彩。除了足球游戏,我还带领孩子们在原有户外运动的基础上开展一些具有挑战性的活动,比如爬树。在一次组织幼儿玩"打雪仗"的游戏中,我发现孩子们投雪球既投不远、又投不准。基于这一问题,我对大班幼儿的力量发展现状进行了调查,发现幼儿的力量发展出现了"时·空·形"缺位。而幼儿园内有许多树木,包括樱桃树、枇杷树等果树。因此,我在保障幼儿安全的前提下考虑"能否利用爬树或摘果子的方式进一步激发幼儿的运动兴趣,促进幼儿肢体力量的发展"。经过一段时间的实践后,孩子们的力量有了显著的增强。寓教于乐,孩子们在游戏中获得了发展;教学相长,我的专业水平得到了提高。

孩子们的想法是天马行空的,孩子们的世界是充满童趣的。我从生活中的点滴入手,从生活中的细节出发,倾听幼儿的想法,探索幼儿的世界。古有两小儿辩日,在今天的幼儿教育中,辩论活动亦是锻炼幼儿思维与语言能力的有效方式。在组织辩论话题"冬天好还是夏天好"时,我从幼儿的观点与论据中发现了他们的闪光点,了解了他们的世界观。因此,在与幼儿的互动中,我能够站在他们的角度与立场进行交流对话,倾听他们的真实想法与诉求,真正做到见微知著,走进童心。此外,我还与孩子们一起探索户外的自然环境,如秋天的落叶、雨后的蜗牛、搬家的蚂蚁、飞舞的蝴蝶……引用清代学者沈复《童趣》中的一段话:"余常于土墙凹凸处,花台小草丛杂处,蹲其身,使与台齐;定神细视,以丛草为林,以虫蚁为兽,以土砾凸者为丘,凹者为壑,神游其中,怡然自得。"孩子的世界如此,我亦心向往之。

三、忠于责任与担当

教师的班级管理水平对幼儿自主管理能力的发展具有较大影响。作为配班教师,我积极学习主班老师的管理经验,并应用到实际班级管理工作中。如安全管理,无论是户外游戏锻炼,还是室内材料操作,在活动前我会对幼儿进行安全教育;在活动中,我及时提醒幼儿注意可能出现的安全隐患。再如常规管理,"无规矩不成方圆",良好常规的培养既能促进幼儿良好习惯的养成,又能提高教师管理的效率。因此,在组织幼儿活动时,我通过树立榜样等方式引导幼儿遵守班级常规。此外,大班幼儿具有较强的自我管理与服务意识,我会主动放手,给予幼儿自主管理的机会,锻炼他们自主管理的能力。

三年的配班工作也使我学会了用爱心、细心与耐心践行新时代教师的职业道德。如新生入园,孩子有诸多不适应,家长也有许多担心与焦虑。在开学前,我与班主任老师通过家访了解孩子的吃饭、睡觉、如厕等生活习惯,了解孩子的性格、爱好等特点。在开学后,我结合已有的信息观察孩子,利用有趣的游戏吸引孩子,用夸赞、拥抱安抚孩子,并将幼儿在园生活表现通过图文、视频等方式及时反馈给家长,缓解家长的焦虑。开学初,班里个别孩子在午睡时,常睡着睡着哭醒了。我就把孩子抱在怀里轻抚安慰,慢慢地等他再次睡着后再放在床上。在与家长的沟通中了解到孩子是入园这几天容

易哭醒，知道这是孩子在刚入园时出现的一些焦虑表现，因此，我主动与孩子聊一聊他的爱好，玩一玩他喜欢的游戏，并经常抱一抱他、鼓励他，进而帮助孩子适应幼儿园生活。

为了进一步提高专业水平，走出舒适区，我在工作的第四年竞聘为新小班班主任。我知道这不仅是从配班老师到主班老师的转变，更要承担更多的责任，需要更强的能力。班主任是幼儿园教师队伍的骨干，是幼儿园各项工作开展的具体实施人。班主任是家园沟通的桥梁，对外代表幼儿园向家长宣传、介绍办园理念、教育观念以及开展的各类特色活动，对内整合家长资源以支持幼儿园的发展、丰富班级活动。班主任是班级小家庭的家长，制订班级教育教学计划，指导并团结搭班、保育员共同完成保教工作，营造和谐的班级氛围。班主任是幼儿成长的引路人，引导幼儿健康愉快地生活、多元化地学习以及有智慧地游戏，支持幼儿各项能力的发展。在当班主任的这一年，我积极配合保教主任与教研组长做好班级保教工作，提高了班级保教水平；积极配合年级组长开展园区活动与年段活动；积极配合后勤主任做好安全保健与班级资产管理。我还主动开展家长工作，有计划地进行家园沟通，通过对幼儿的观察分析，提出有效的家园共育策略，赢得家长的信任与支持；组织班级三人配合，完善幼儿一日生活的流程；建立班级常规，培养幼儿良好的生活习惯与学习习惯；创设班级文化环境，提高幼儿的审美情趣。

教育的本质是"一棵树摇动另一棵树，一朵云推动另一朵云，一个灵魂唤醒另一个灵魂"。回顾专业学习与成长之路，我摆正了心态，从"0"出发，从"心"出发，认识了自己，提高了职业认知。然而路漫漫其修远兮，对教育的探索永远在路上。我将继续保持终身学习的态度，实时自我提升，成就更好的自己！

风雨过后是晴天

浙江省杭州市滨江区钱塘帝景幼儿园　阙昱泽

不甘的选择

2010年7月，高考成绩出来后，我和母亲在填报大学志愿一事上产生了分歧。我希望将来能从事医学或者计算机类工作，而母亲则极力要求我选择教育类行业。一番冷战后，我最后尊重了母亲的建议，但同时又内心矛盾，不甘于做出这样的选择。那时候，我对学前教育专业了解甚少，甚至还带有一些偏见，出于叛逆，填报志愿时我填了五所大学的学前教育专业，借此表达我的不甘。

铩羽而归

大四是开始从学生转换成工作者的过渡期。我被一所幼儿园的园所文化和园长魅力所吸引，期待能考取这所幼儿园的编制。为博取园长的青睐，我在这家幼儿园实习了近一个月，或许是因为表现不佳，抑或是其他实习生比我优秀，考编前园长通过电话给我介绍了另一所幼儿园，我明白了话里的含义，尽管我参加了这次考试，却因为自我怀疑、失去信心而与编制失之交臂。

风光无限

考编失败后，我第一次开始正视自己的价值——是"此地不留爷，自有留爷处"的自我欺瞒？是就此离开幼师行业的自我逃避？还是杀个回马枪，用行动向"否定"我的人证实自己，实现自我价值？我选择了后者。

我开始努力：精心准备了一节教学活动并通过面试，入职了一所幼儿园；发挥自己的长处，参与第五届浙江省中小学教师中华经典诵读大赛并获得了幼儿组一等奖；提升自身的专业知识素养和教学能力并顺利考取了编制；在新教师岗位培训班中进行公开课展示并获得优秀学员称号。工作的第一年，我证明了自己的价值并获得了大众的认可。

阴云密布

经常会有人向我提这些问题："你为什么会选择这个行业？这个行业适合男性吗？""幼儿园工资不高，你作为男人够用吗？""你在幼儿园上班真的可惜了，你没有想过去更大的舞台吗？"本以为对这个行业的抗拒已经被我关进了心中的禁室里，但随着工作倦怠期的到来，我又一次被这些问题叩开了心门。

2016年我做了一个决定，干完这一年，我将奔赴更广阔的天地。

峰回路转

然而这一年我的人生发生了一次重大的转折——我的妻子怀孕了，我需要筹备婚礼、购买婚房、照顾妻子的起居。如果在这一刻我选择离职，未来将会有许多不可估量的可能，这会是对一个家庭的不负责任，我再次放弃了离职的想法。

雨过天晴

两年的倦怠让周围的人都觉得我是一个不思进取的人，不过却让我的身心渐渐地沉淀下来，不自负，不贸然行事，不急功近利，我开始寻找自己的职业价值。

我喜欢课堂，喜欢与孩子们互动，会因他们的积极回应感到满足，会为他们的奇思妙想感到惊喜，会为他们学有所成感到欣慰；我是同事们的开心果，我幽默的语言和夸张的动作经常惹得他们捧腹大笑，他们会说："有你的地方就会充满快乐。"幼儿园的许多工作都需要我，开大会、办讲座都需要我事先调试设备；同事们需要维修电脑、使用软件等都会找我，我感受到被需要的满足。

因为认同，我开始享受这份工作，享受工作带给我的快乐。

幼儿园的"熊猫"

宁夏幼儿师范高等专科学校第二附属幼儿园　锁忠国

我是宁夏幼儿师范高等专科学校第二附属幼儿园的锁锁老师，也是小朋友们口中的"熊猫"哥哥。2021年6月大学毕业，我带着好奇和新鲜感进入幼儿园开始工作。在踏入幼儿园之前，我脑海里的幼儿园就是老师每天带领着小朋友一起开心地做游戏。可当我真正踏入幼儿园时，我发现现实和我想象的不一样。

一、我的梦想，我的专业

我的爷爷是一名小学教师，我从小跟在爷爷的身边，看到爷爷在讲台上讲课，我非常羡慕，长大当一名小学教师的梦想也慢慢地在我心中生根、发芽。2018年高考结束，填报志愿时我毫不犹豫地报了小学教育专业，但是结果却不尽如人意。当我看到录取通知书上我被录取的专业是学前教育的那一刻，我的大脑一片空白，与小学教育专业的失之交臂让我感到深深的失落，对学前教育的未知又让我深感迷茫。在犹豫与彷

幼儿园的男教师

徨中，我想了很多，最终我调整好心态，决定先去学校报到、上学，希望通过自己的努力在一年以后转到小学教育专业。到现在我还清晰地记得报到当天的情景，辅导员笑着说："欢迎你来到学前教育专业，我们班里一共两个男生，从今天开始你们俩就是班里的'熊猫'了……"

大学的时光快乐而充实，在学习的过程中我对学前教育慢慢有了一些了解，在班级里的"熊猫"待遇也让我与同学们相处融洽。一学期结束后，我对转专业的渴望没有那么强烈了。我学习了更多的专业课程，慢慢发现我挺喜欢这些课程，最终打消了转专业的想法。这时候，辅导员给了我很大的鼓励，他帮我分析了学前教育的发展趋势以及未来就业的前景，评估了我自身的优势和劣势，让我明白了学前教育是最适合我的专业，我终于跨过了心里这道坎，认可了学前教育专业，坚定地进行专业学习。

二、我的选择，我的职业

一晃三年过去了，临近毕业时，对于就业我心里又开始打鼓。宿舍里，我们不同班级的四个男生经常讨论未来的人生规划和职业选择，谈起学前教育行业的社会地位、薪资待遇、发展空间等，大家对于选择该领域的工作都有所犹豫。然而，在就业双选会上，大家又不约而同地选择了幼儿教育行业。带着憧憬和希望，我来到宁夏幼儿师范高等专科学校第二附属幼儿园工作，每天在童话城堡一般的幼儿园里，在充满童真的孩子们面前，我的职业理想也一天天地坚定起来。作为幼儿园男教师的无奈和心酸也一天天消失了。当一群活泼的孩子快乐地奔向我时，我觉得一切都值得了。

三、我的小朋友，我的幼儿园

刚开始在幼儿园工作的时候，为了尽快熟悉幼儿园的一日活动流程，我在班级里帮忙，面对一张张稚嫩的小脸蛋，我不知道该怎么与他们交流，我就在班里默默地站着、看着。但是孩子们特别欢迎我，可能因为我是一位男老师吧。休息的时间孩子们都特别兴奋，一个个争先恐后地幼儿园的"熊猫"

跑到我跟前，跟我聊天，我被孩子们包围了，班主任老师说："你都成我们班的'熊猫'了。"孩子们听了哈哈大笑。从此，我在幼儿园有了一个新的称呼——"熊猫"哥哥。我也有头疼的时候，孩子的情绪说变就变，一天班里正在进行集体活动，有一个孩子突然开始哇哇大哭，我立刻拿出十二分的耐心，细声细语地蹲下哄她，但是怎么哄也没用，我有点头大，用求助的目光看向班主任老师，班主任老师微微笑了一下，走了过来，简单地说了一句："好了，不哭了。"孩子顿时就停止了哭泣，过了一会又笑嘻嘻地和小伙伴们玩了起来，看着变脸般的孩子，我尴尬地笑了笑，意识到孩子和老师之间的情感是一天天培养起来的。之后只要有时间，我就会主动和班主任老师聊聊孩子们的故事以及求教班级管理的经验等。

过了一段时间，我开始担任专职体育老师，带孩子们进行体育活动。我每天都会认真准备，活动结束后会及时总结、反思，虽然业务还不熟练，每次体育活动过程中总是状况不断，孩子有的打打闹闹，有的随意玩耍，当然也有孩子认真地跟随我一起进行活动，让我稍微得到些心理安慰。

幼儿园为我提供了平台，我也要珍惜机会快速地提升自己，因此只要有老师请假，我都会主动申请去班里顶岗，以便更好地学习和实践。幼儿园从刚开始安排我顶替配班，慢慢让我顶替副班，甚至还让我顶替班主任的岗位，这给了我莫大的鼓励，也让我从紧张不安逐渐适应下来。有一次，我顶替班主任岗位，心里非常忐忑：自己可以带好班吗？

果然不出所料，第一次带班，状况非常糟糕，集体活动的时候孩子们还听我指挥，但是吃饭、散步的时候就不听我的话了。散步时队伍拉得很长很长，我又急又气，园长看我实在为难，就安排了其他老师过来帮忙，我顿时感觉轻松了很多。我也深刻地认识到做一名合格的幼儿教师不是一蹴而就的。工作一年后，幼儿园的孩子们都认识了我，遇见我能主动叫一声"锁锁老师好"，甚至在放学的时候，有的孩子出了幼儿园的大门还会跑过来抱住我，大声说："锁锁老师，再见！"这让我有了做一名幼儿园教师的成就感。

在幼儿园里，我是唯一的男教师，班级工作中需要我帮忙的时候，我都会义无反顾地冲上前，经常穿梭在各个班级之中，比如挂窗帘、抬床、布置环境等，都是我大显身手的时候，得到了大家的一致肯定。

工作中要扮演不同的角色，为了孩子无所不能，不管心情怎样，面对孩子时脸上尽量挂着笑容。虽然每天都很累，有时候也很无奈，但是，孩子的一个举动，或者是一句话，可以让我瞬间觉得一切都值得，这个职业让我充满了憧憬，所以我毅然坚持了下来，坚持做好一名男幼儿教师。目前来看，我当初选择留下是正确的，在这一年多的时间里，孩子们感染了我，让我越来越喜欢他们，也越来越热爱这份工作。

四、我的青春，我的责任

快乐的时光总是那么短暂，新冠疫情来势汹汹，让我们的城堡幼儿园不再那么热闹了。为了孩子们的健康，我们采取错峰入园、错峰户外、错峰放学的方式。随着疫情不断升级，医务人员开始紧缺，幼儿园需要自己培训教师进行日常的核酸采样工作。作为一名青年团员教师，又是幼儿园唯一的男老师，我责无旁贷地承担起这项工作，第一个报名参加培训。在之后的日子里，每当我变身"大白"为孩子们做核酸检测时，孩子们都会从细节处认出我，激动地朝我挥手，我也欣慰地和他们比心。

2022年11月，当幼儿园再一次停课的时候，幼儿园所在的社区紧急向幼儿园征用志愿者，我第一个报名参加了疫情防控的志愿者工作，感到无比光荣。当社区志愿者进行核酸检测服务时，我遇到了很多我们幼儿园的孩子,有对双胞胎认出了我,大声地喊"锁锁老师",我对他们摆摆手打招呼,他们激动又骄傲地大声向爸爸介绍我。趁着录入信息的时候,我向孩子们叮嘱了几句,他们走的时候,大声地说:"锁锁老师,你辛苦了,保护好自己。"我听了非常感动,做一名教师的成就感油然而生。在这期间幼儿园需要有人24小时值班,我主动申请住在了幼儿园,用自己微薄的力量,守护我们美丽的城堡幼儿园,等待春暖花开之时孩子们返园。

　　我是一名普通的幼儿教师,我庆幸自己走进了学前教育这块神奇的沃土,我的追求,我的梦想,我的欢乐与辛苦,都化作了春露秋霜,深深地融进了这片沃土中,让我在其中辛勤耕耘,欣慰收获。在这片沃土中,我渐渐悟出,作为幼儿教师,不仅要当好"蜡烛"照亮幼儿,更要不断充电,积极进取。在这一年多的时间里,有很多辛苦,也有很多欢乐。多少次与孩子们游戏时笑得前仰后合,使我感受到孩子的童真;多少次和孩子们一起跳舞,仿佛回到了难忘的童年;多少次和孩子们一起专注、投入地观察小草发芽,使我走进了天真无邪的世界;多少次和孩子们在一起,忘却了烦恼,没有了忧愁,体会到工作就是幸福。正是无数个和孩子们在一起的日子充实了我的教师生涯,也装点了我的人生,虽然没有轰轰烈烈的成就,更没有惊天动地的业绩,但是我仍以拥有这份平凡且富有创意的事业而骄傲、自豪。孩子们带给我的快乐和幸福,犹如阵阵袭来的花香,弥漫在我的耳边,浸润着我的心田,我怎能不倍加珍惜!

"男"能可贵 绽放别样风采

浙江省杭州市拱墅区朝晖幼儿园　汤润圣

他叫汤润圣，是杭州市朝晖幼儿园的男教师，2017年毕业于浙江师范大学学前教育专业，先后被评为"全国最具真善美男教师"、浙江省公益事业优秀志愿者、杭州市教育工会优秀个人、拱墅区教坛新秀、拱墅区教育标兵。从教六年，他放弃了四年的暑假，带领拱墅区多名青年教师，通过"小候鸟驿站"平台帮助来自15个省份的300个孩子来杭与父母团聚，并联合青年教师们开展学习课程，解决了外来务工人员子女暑假期间无人看管的难题。2020年9月，在浙江省杭州市拱墅区、贵州省黔东南苗族侗族自治州黎平县携手推进东西部扶贫协作过程中，他主动参与两地的共同创新项目，实施"山凤凰"关爱女孩计划，帮助大山里的少数民族女孩获得更多受教育的机会。

"男"能可贵　绽放别样风采

用我们的智慧与力量感染身边每一个孩子，
当孩子们长大，我们渐渐老去时，
可以骄傲地告诉别人，
我们是幼儿园男教师。

一、爱连杭黔，结对帮扶

"如果没有赤脚踏过中国广大乡村的土壤，就无法明白教育的真正含义。"比起城市，广大农村更需要优质教育的浸润。汤润圣认为扶贫必扶智，当得知黎平县有申报州级示范幼儿园的帮扶申请资格时，他立即主动提出前往黎平县城关第一幼儿园进行考察。经过10小时30分，跨越一千四百公里，他到达了贵州省黎平县。刚刚到达，他就放下手中的行李前往城关第一幼儿园。他编排的篮球操在春晚上惊艳了全国观众，在浙江省体育大赛中也屡次获奖。幼儿篮球操不论作为常规运动项目还是表演活动，都需要在正确的拍球姿势和精心编排的球操队形下开展，幼儿园的老师们迫不及待地跟着汤老师一起在操场上学起了篮球。接着，汤老师分别按年龄段进入小班、中班、大班进行活动观摩，寻找一日活动中的教育契机。在缺乏教育资源的现状下，他提出了一个好主意：融入黎平的当地特色，从文明安全、传统节日、文化习俗等方面，以课程实施的方式进行环境创设。最终在第二年的评选中，城

121

关一幼顺利被评选上了示范幼儿园。

二、情系侗乡，筑梦未来

从2020年暑假开始汤润圣每年都会参加一个志愿者活动，即"山凤凰"关爱女生计划。在贵州支教的时候，汤润圣就了解到在大山深处，早婚的观念盛行，女童辍学率非常高。当汤润圣知道浙江省妇女儿童基金会在招募"山凤凰"计划志愿者时，他义无反顾地放弃了暑假的休息时间，希望在做志愿者的时候可以帮助大山的女孩子们搭建学习平台，开拓知识眼界，感知山外多彩世界。

首先，他将本次"山凤凰"研学活动以"一颗中国心，一双世界眼"为主题，设计了四大研学课程模块，特意把研学活动的开营仪式设立在支付宝蚂蚁集团，他不遗余力地多次沟通，让山里的孩子们有机会到蚂蚁集团进行参观，开拓了自己的视野。他还组织了"明信片里看杭州"活动，孩子们通过一张张极具杭州特色的明信片，对杭州这座城市产生了浓厚的兴趣，不禁感慨"原来杭州不只有西湖"，同时也许下愿望，希望自己的足迹能踏遍杭州的角角落落，领略杭州的风采。

没有目标，就没有努力的方向。孩子们大大的梦想，也需要榜样的指引。山里的孩子们小小的脑袋里也常常会有大大的好奇：将来的自己会进入怎样的大学？该选择什么专业？有着怎样的学习、生活氛围？会遇见怎样的人？自己又该如何努力？汤润圣特别邀请了浙江大学的"学霸"学姐与孩子们对话，助力"山凤凰"圆梦。"学霸"学姐针对山里的孩子们在生活和学习上的许多困惑，将自己总结出的经验分享给她们，从培养学习积极性、树立坚强意志等方面提供了很好的建议，鼓励孩子们用更饱满的自信和更宽广的视野面对未来的挑战。

在活动行程中他安排孩子们参观蚂蚁集团，以及泛舟西湖、登雷峰塔、观看"印象西湖"演出等，让山里的孩子们多角度地感受杭州。汤润圣一直记得有个叫小玉的孩子，说她真实地感受到了大山外的繁华与先进，她希望未来努力学习科学知识，充实自我，帮助更多山里的孩子走出大山。汤润圣用自己的实际行动为山里的孩子们筑梦,一个又一个暑假不知疲惫。

三、以爱相伴,守护成长

他是拱墅区"双新"小候鸟驿站的副站长,作为在小候鸟驿站唯一工作了四年的男教师,他放弃了四年的暑假时间,和拱墅区的多名青年教师一起,通过小候鸟驿站平台帮助来自15个省份的孩子来杭与父母团聚,并联合青年教师们开展学习课程,解决了外来务工人员子女暑假期间无人看管的难题。根据实际情况,他们设计了"游在杭州""学在杭州""爱在杭州"三个板块的课程,旨在让孩子们游玩有引导、学习有辅导、安全有指导。他们通过线上沟通群实时发布孩子们活动的情况。借助丰富的图片和视频极大程度地加强了驿站和家长之间的沟通。同时,为了充分发挥杭州的教育优势,他们还带领团队开通微信公众号,将其打造成教师跨区域、线上学习的交流平台,对接结对的学校和老师,双线并行,持续助力"小候鸟"全方位成长。

疫情防控期间,他开发线上平台,组织教师们录制100余节"名师公开课",辐射全国师生,点击量高达100万余次。通过他们的努力,杭州的优质教育传播到了更多的地方。

后　记

这个大男孩的故事,
诉说着责任与理想、专业与坚守、细致与耐心、幽默与阳光。
他拥有着父亲般的柔情,
更是孩子们的好伙伴。
走近幼教队伍里的"1%",
是否带给你些许温暖与感动?

教育筑梦，十年初心坚守

浙江省杭州市西湖区文苑幼儿园　陶晓龙

陶晓龙老师自2012年6月从浙江师范大学杭州幼儿师范学院毕业后，十多年来，一直扎根在文苑幼儿园这个幸福大家庭中，沉浸在一线教学岗位上，他凭着对工作的认真与执着，很快从一名新手成长为教学骨干，在幼儿园里深受孩子的喜欢、家长的认可以及同事的认同。

一、主动请缨，倾心支教

2021年9月21日，正值家人团聚的中秋节，他主动请缨跨越3000多公里来到四川省甘孜藏族自治州九龙县开启支教生活。在支教的一个月里，他马不停蹄，深入班级，了解现状与需求，充分发挥自己的专业优势，为幼儿园带去西湖区的教育理念与经验。

为了更好地了解幼儿园的发展现状，他每天轮流到各个班里观察，与孩子们进行游戏、互动，倾听孩子们的心声，还借助线上问卷调查、线下访谈等形式，了解幼儿园老师遇到的一些困难与问题。为了使教学更有针对性，他选取中一班作为试点班级，对班级环境呈现、区域材料投放与布局、幼儿作品表达与呈现等方面进行跟进指导并完成了调研报告。

为了更好地促进工作交流与学习，他作为杭州市西湖区的幼教代表，积极参与甘孜州向孝珍名师工作室的流动教研活动，指导四川省甘孜藏族自治州九龙县第二幼儿园的老师为本次活动撰写推文并排版，保证活动宣传的完整性、专业性与时效性。他帮助幼儿园梳理课题《创设3S语言环境：提升九龙二幼普通话推广的实践研究》，打磨大班原创精品音乐活动"三只小猪"，和老师们就如何进行课题实施进行分享、交流。他组织"看见儿童——构建温暖的师幼关系""班级环境创设那些事……"等系列专题讲座，并进行大班语言活动"最佳守卫"的教学活动展示。功夫不负有心人，根据九龙县第二幼儿园的教师培养规划，他被聘为了该园的指导教师。

为了更好地延续情谊，他十分珍惜这一个月的支教时光，为了巩固支教成果，还建立了24小时线上沟通机制，当第二幼儿园的老师们遇到专业问题需要帮助时，他主动、耐心地解答与指导。当知道沈老师代表第二幼儿园参加甘孜州教学活动大比武，需要进行以"风"为主题的科学领域活动设计与试教时，陶晓龙老师通过线上的形式对活动目标、材料准备以及活动环节等提出了优化建议。有一次，周园长要代表九龙县第二幼儿园在甘孜州地区做普通话推广工作的专题讲座，但他发现自己在讲座内容梳理与PPT制作方面遇到了困惑与挑战，于是马上联系了陶晓龙老师寻求帮助。陶老师利用多个晚上的休息时间与周园长进行线上互动，一起讨论讲座的具体内容与细节，同时搜集相关理论内容予以借鉴与参考，有效提升了讲座内容的专业性与实用性。最后，周园长在甘孜州地区代表九龙二幼成功地做了《同讲普通话　携手向未来》的专题分享，赢得了广大观摩教师的高度评价。周园长说："晓龙是一个多么无私、多么淳朴的男孩，教会我这么多，这是千里之外的缘分，我想好好珍惜。"

二、踏实努力，追求卓越

十多年来坚守一线的陶老师，始终保持着教育初心，以科学的态度积极深入教育研究。他积极承担校级、区级公开课，并获得了优异的成绩，取得了校级优质课、区公开课一等奖；他积极参与教科研研究课题，课题多次获得区级立项；各类案例、论文成果也获得了区级一、二、三等奖，在校级与区级层面报告、分享相关教育教学经验；他积极参加区级教职工技能大赛和区级主题团队研修活动，多次在区级教职工技能大赛中获奖，在主题团队研修活动中先后获得二、三等奖；他还通过"幼师口袋"平台进行杭州信息化智慧校园学术分享活动。

作为一名80后幼儿园骨干教师，陶晓龙老师不仅担任班主任，还承担着年级组长的工作。他带领年级组成员做好日常教育教学工作，并积极策划与组织各类年级组活动与教研专题活动，在团队引领方面也表现突出，所带年级组连续多次获得校级优秀团队称号。一分耕耘，一分收获。陶晓龙老师先后获得了"西湖区起航奖""西湖区教坛新秀""西湖区教育系统先进工作者""西湖区优秀教师"等荣誉。

三、抗击疫情，迎难而上

作为一名入党积极分子，在2020年新冠肺炎疫情防控期间，陶晓龙老师第一时间向集团党组织申请坚守抗击新冠疫情第一线。身为男老师，为了照顾有家的女老师们，他主动承担了通宵的夜班任务，不怕苦、不怕冷、不怕累地坚守在抗疫岗位上。有一次，他值完岗后出现了感冒发烧等症状，当身体恢复一些后，他第一时间便要求返岗，他说："抗疫志愿者的工作虽然很辛苦，但是能有机会贡献自己的一点力量还是很值得的！"

面对因疫情延长的假期，他也不忘在线上和孩子们互动。本着"温暖陪伴"的理念，积极与孩子们通过钉钉群进行"云"互动，让孩子们在疫情期间感受到老师的温暖陪伴和同伴的情感交流。通过线上交流与互动，他还引导孩子们了解"妇女节"，同时发动爸爸们的力量，支持孩子勇敢表达自己对家人的情感，并收获爱的回应。

有人说，教育是一种成就，可以桃李满天下；有人说，教育是一种付出，需要孜孜不倦地润物；也有人说，教育是一种接纳，是对孩子的无限关爱与包容……四季轮回，默默耕耘，陶晓龙老师把优秀的教育经验付诸实践。我们看见了他眼中坚毅、务实的光芒，闪烁着教育的真善美！

守护"童心"承诺
走向美丽远方

浙江省湖州市实验幼儿园　王宏端

他是浙江省湖州市吴兴区首位在编幼儿园男教师，他是孩子们心目中喜爱的"大熊哥哥"，他是同事们口中的"奋斗青年"，曾为浙江省特级教师沈颖洁名师工作室第二轮新锐成员，现为湖州市卞娟娟特级教师工作室成员，湖州市实验幼儿园副园长——王宏端老师。十三年前，他从湖州师范学院毕业，怀着教书育人的梦想，开始追求幼儿教师的职业幸福。从教以来，他执着热情、奉献真情、倾注感情，享受着幼儿教育带来的快乐，坚实着教师专业成长的脚步。在拥有"浙江省现代化幼儿园""浙江省教育科学研究百强学校""浙江省教科研先进集体"等近30项荣誉的湖州市实验幼儿园坚持一线教学以及反思性学习，在幼教科研工作中不断砥砺前行。

一、初梦缘起——发现儿童，向美而生

回首当年，刚接到湖州师范学院的录取通知书时，很多身边的朋友对他说："幼儿教育是姑娘们的事情，你凑什么热闹？"面对同学、朋友、家人不解的眼光，他迷惑了——他的"孩子王"梦想能实现吗？工作的前两年，王宏端老师在初步适应岗位的同时，时常会有一些"棘手"的问题困扰着他：户外活动时孩子们在操场上四处乱跑，教学活动时孩子们对他不理不睬，生活活动时孩子们"豆奶洒了""饼干掉了"让他手忙脚乱……

面对一系列让人哭笑不得的情景，他逐渐调整自我、沉下心来，一边学习研究孩子的年龄发展特点，一边做孩子们的"老师"和"朋友"。慢慢地，他开始发现儿童是天生的"艺术家""科学家"，他开始懂得去聆听儿童的语言，理解儿童的行为和表现；就这样，他带着这份热爱坚守在幼儿教师的岗位上：他是音乐王国里的"歌唱家"，他是追逐"小羊"的"大灰狼"，他是孩子们口中的"大熊哥哥"……在孩子们纯净的眼里，在日复一日繁琐的工作中，他慢慢地走近了儿童，并感悟到了幼儿教育"向美而生"的真谛。

二、梦的历程——追随儿童，逐光而行

教育，就是追随儿童学习的脚步，追随儿童立场，在教育的道路上不断反思、不断磨砺，提升自身的专业能力。王宏端老师始终秉持"心中有儿童、眼中有儿童、行动中有儿童"的教育理念，尊重和追随儿童的独特想法，释放儿童天性，激发儿童主动学习的兴趣。他的一天往往是这样度过的：晨间锻炼时，全班近40个孩子跟着他元气满满地做韵律操；户外

游戏时，他组织的追逐对抗游戏是孩子们的最爱；音乐活动时，世界名曲在他的改编下变成了孩子们跃动的旋律……他总是向儿童传递着与众不同的"力"与"美"。

第一次参加公开课，他就选择了锻炼孩子们力量的健康教学活动。这一任务对于工作才一年的他来说，无疑又是一次新挑战。怀着忐忑不安的心情，他查阅书籍、梳理经验，借鉴优秀教师相似的课例，主动请教幼教专家、园内教师……在同事们的帮助下，他三改教案、五次磨课，终于打磨出一个展现"力"与"美"的教学活动。最终，这一活动在市级赛课中获得了广泛好评，取得了一等奖。公开课展示是如此，教学研究同样也是历练的过程。为了以研促教，在教科研方面有所突破，他和同事们"并肩作战"，一项课题从选题商讨到撰写方案，"核心概念如何解读？""文本结构如何呈现？"……伴随着一系列困惑，大家推倒重来无数次，研讨交流至深夜……最终这项课题实现了从区到市再到省的立项，而王宏端老师也首度担当起园内省级课题研究的"主力军"。这些点点滴滴的成长，让他领悟到：要展现幼儿教师的"美"，就要把简单的事情做细，把平凡的事情做实，把传统的事情做出创新！

三、梦的向往——因为儿童，所以改变

"幼儿教育梦的远方，就是看见儿童、尊重儿童、回归儿童，努力读懂儿童，勤于发现儿童，真正做到因为儿童，所以改变。"这是湖州市实验幼儿园王宏端老师在踏入幼儿教育岗位时，对自己许下的诺言。行走在幼儿教师专业成长的道路上，他潜心育人、善于思考、勇于实践、敢于创新，践行习总书记提出的"四有""四个引路人"和"四个相统一"的教师标准，朝着自己的教育理想不断前行：多年来以"情境体验式游戏"为切入点，充分挖掘素材中潜在的游戏元素、音乐元素、情感元素，实现教学与游戏的巧妙结合，让幼儿在灵动、有趣、具有创造力的音乐活动、语言活动中学习，促进幼儿全面且个性化发展。他结合教学经验与幼儿教育理论，研究撰写的《幼儿园韵律活动"C＋E"模式韵律活动的构建研

究》课题获湖州市教科研成果一等奖；多篇论文发表于《当代学前教育》《新班主任》《辽宁教育》等省级期刊；多次在省、区、市各类平台展示音乐、语言、健康等公开课活动；荣获"湖州市青年岗位能手""吴兴区最美教师""吴兴区教坛新秀""吴兴区教科研先进个人"等荣誉称号；曾获湖州市幼儿教师职业能力大赛一等奖、吴兴区优质课评比一等奖……这些荣誉是他努力的见证，也是曾经诺言的实现。他感恩每一次收获和成长，感恩成长路上领导的关怀、恩师的培养、同伴的鼓舞、家长的信任，这些成绩更是他走向"梦"的远方的起点。

四、梦的远方——温暖儿童，与爱同行

作为湖州市第六届公益创投项目"学前儿童创新能力培育扶持计划"和第七届公益创投项目"学前儿童科创素养培育扶持计划"的负责人，王宏端老师带领热心的教师志愿者不断整合社会资源，通过访问、交流、结对的形式，组建了一支专业志愿团队。在此基础上，利用节假日、寒暑假的时间，为幼儿创设螺旋上升的10个科创主题项目活动。通过"教育志愿服务共同体"的模式，将项目智慧成果从中心城区延伸至乡村，如：在埭溪镇开展"无人机飞行"活动、"气球鼓起来"活动，通过村点支教的方式，让城乡的孩子们共享"科创志愿服务"，促进优教共享，推进共同进步。项目实施以来，服务受益对象从开始的30组家庭扩展到1283组家庭，累计受益对象3849人，开展120余场项目活动，志愿者参与人数达230余人，国家级、市级等级别的媒体对该项目进行了相关报道。

作为一名儿童研究者，他用自己的青春去书写一个"幼教梦"的故事。这个故事关于梦想，关于勇气，关于他对幼教工作的"新"认识——彷徨不再，坚定前行，践行仁爱与智慧的师德精神，积累扎实的幼教理论，磨炼过硬的专业能力！"用科研守护童心，用科研提升自我"，"因为儿童，所以改变"就是他对幼教工作"最美"的诠释。他坚信：守护童心，砥砺前行，就一定会在幼儿教育的道路上走向更美的远方！

幸福成长的幼儿园男教师

山东省枣庄市滕州市实验幼儿园　王黎明

2011年的冬天,我走进幼儿园,成了一名幼儿园男教师,至今工作十余年。十余年的幼教之路,有过纠结、沮丧和茫然,但更多的是感动、幸福和确信。

为什么选择这份职业?会考虑转岗吗?会一直干下去吗?大家常常问我。每一次,我都给予明确的回答,但每次回答都有不同的诠释。每一次观察孩子的游戏,每一次解读孩子的行为,每一次和伙伴们的思想碰撞,每一次自我反思,都让我更加笃定这份职业的价值,更加确定自身的价值。我会一直陪伴着孩子,一直理解孩子,一直支持孩子。

十余年的幼教工作中,我遇见了孩子,遇见了同伴,也遇见了自己……

感恩遇见，种下一颗幸福的种子

和幼儿园的缘分还得从"三支一扶"支教的日子开始说起，2011年8月，经过"三支一扶"的考试，我被滕州市官桥镇轩辕小学录取，开始了我的支教生活。9月滕州市2011年教师招考简章出炉，而当时作为服务基层人员的我可以不受地区的限制报名参加滕州市教师招生考试。就这样，在经过层层选拔后，我成了一名幼儿教师，来到了滕州市实验幼儿园，开启了我与幼儿园的不解之缘，种下了一颗幸福的种子……

每当忆起刚开始工作的点滴，总感觉自己像是在实验幼儿园里长大的孩子。作为初来乍到的"异乡人"和"男生"，我感受到了"实幼大家庭"的温暖。是实验幼儿园培养了我作为幼儿教师的教育观、儿童观和游戏观，给予我作为幼儿教师应具备的技能、品质和素养，为今后的教育和管理工作奠定了坚实的基础。

幸福成长，播下更多幸福的种子

在与孩子的慢慢接触中，我发现他们是那么的单纯、可爱；在和他们一起欢笑、一起游戏、解决矛盾的过程中，我心中的烦躁逐渐消失，我不断反思，努力学习，乘着学前教育改革的东风一路高歌奋进，砥砺前行。十年来，从青涩、懵懂到稳重、干练，从一名普通教师到业务园长；十年来，教育初心不变，传递给孩子们开朗、自信、勇敢和豁达的性格也从未改变。

每天从孩子们入园开始，弯腰、蹲下、拥抱、安抚，这一连串的动作重复百遍，腰酸背痛常常伴着我。虽然累，我却不曾松懈丝毫；虽然苦，我却乐在其中。孩子们在安全有爱的环境中健康快乐地成长，是让我最欣慰的事情。

每天踏进园所，我都会问自己两个问题："假如我是孩子，我会感觉怎么样？假如是我的孩子，我会怎么做？"在一次教研活动结束后，我和教研主任杨老师路过小二班的时候，只听见班级老师忽然大声喊了起来。于是，我快速走进教室，发现一个男孩子瘫软在地上，老师正抱着他，我

幼儿园的男教师

的第一反应是孩子可能高热惊厥了,我把手放在孩子的额头上一试,果真烫手,这时候没有任何思考,我将自己的手指直接塞进了孩子的嘴里,防止孩子呕吐造成窒息。刚开始的时候我还没有任何的感觉,可是过了一会,随着孩子发病,他的牙齿紧紧地咬住了我的手指头,一阵钻心的疼痛袭来。幸亏我园地处市中心,距离医院比较近,班主任老师骑着电动车载着我和孩子一起赶往人民医院,七分钟的路程走出了一个世纪的感觉。一路上,孩子的牙齿紧紧地咬着我的手指头,快到医院门口的时候,孩子终于吐了出来。这时,他的班主任老师,也是一位男教师,抱着孩子一刻不停地往儿科急诊奔去。我顾不上手指的疼痛,去挂号、找医生。最后,孩子的病情得到了有效的控制,而我的左手食指神经却受伤了,直到现在还很麻木。但在看到孩子转危为安的那一刻,我感觉非常的幸福和欣慰。

女孩们睡醒后发型凌乱,我帮她们扎好看的小辫子,从此,我成了她们口中的王爸爸、园长爸爸;孩子们拉裤子了,我帮他们换衣、清理,从此,我成了他们心中的好老师;游戏时,我融入他们,从此,我成了他们心中的大王老师。

和孩子们一起唱歌、画画,参与孩子们的户外游戏,尽情玩耍,满足他们特殊的身心需求。在操场上,我们一起走滚筒,摔泥碗,打水仗,到"花果山"上探险、寻宝、摘果子。我用男性果断、勇敢、阳刚的独特品质感染着孩子们,让他们学会独立,勇敢面对挫折。多年后,他们也许会淡忘了我,但他们一定不会忘记要勇敢、坚强,这将是他们飞翔的翅膀。

2018年8月，滕州市教体局人事调整，我从一名幼儿教师晋升为教学副园长。谈起这段经历，我想说有要承担的责任就会有压力，压力就是动力，正是这些超常的压力促使我不断成长和改变，也让我更加认清了自身的责任和价值。这种经历和成长是幸福的，让我站在更高的高度，让我更明白幼教人的初心和使命——为了让每一个孩子幸福成长，作为幼教人更要幸福成长。

扶贫支教付出才是最大的幸福

2018年，我申请到滕州市东沙河街道中心幼儿园（原东沙河镇中心幼儿园）支教。在为期一年的支教工作中，和其他支教老师一样，我经历了各种各样的挑战。生活条件的艰苦对一名男教师来说还不是大问题，但饮食和环境的改变让很多支教老师开始生病，出现了过敏、咳嗽、感冒等症状，但真正的困难还在后面。

彼时的东沙河镇中心幼儿园是一所新建的乡村幼儿园，建园伊始只有10名教师，却要招收6个班级。一开始我就身兼数职：园长、教师、保洁员、水电工……幼儿园哪个岗位需要我，我就做哪个岗位的工作。白天带班、教研并策划幼儿园制度、管理和文化导向，晚上检查和梳理案头工作。经过一年的不懈努力，东沙河镇中心幼儿园从无到有，从有到优，办学更加规范，校园文化凸显，教师专业成长迅速，幼儿享受到了和市区幼儿园一样的环境和教育条件。在滕州市实验幼儿园的帮扶和捐助下，东沙河中心幼儿园教育教学设备逐渐齐全，每个月都有和实验幼儿园的教育教学交流活动。目前，该幼儿园已经被评为山东省示范幼儿园。

不负韶华，做一名幸福的幼教人

当前，滕州市学前教育正处在高速发展时期，公办幼儿园的大规模建设和投入使用，让更多幼教人有了新的平台和机遇，让我感受到了家一般的温暖。在各级领导和同事们的帮助下，我先后被评为滕州市优秀教师、十佳青年教师、教学名师，枣庄市教学能手、枣庄市学前教育行动计划先进个人，山东省百佳教师；还获得了枣庄市优质课评比一等奖、

幼儿园的男教师

山东省玩教具一等奖、山东省首届齐鲁幼师之星一等奖、游戏创意奖。作为一名幼儿园男教师,我时刻感受到自己身上背负的期望和重托。

幸福生活,一路走来,我感受到满满的幸福和收获。儿童是国家的未来,幼教人的工作是平凡且伟大的。滕州是一座幸福之城,作为一名滕州的幼教工作者,不管是回忆过去,还是展望未来,我都会永远执着地做一名幸福的幼教人。

幼儿园的风景

浙江省杭州市拱墅区申花实验幼儿园　王俊辉

　　我是杭州市申花学前教育集团的一名幼儿园男教师，从2020年大学毕业开始工作，如今已是第三年了。相比于很多老师，我工作的时间并不长，但我带的第一批孩子们已经从小班升到了大班。在这三年的时光里，孩子们不断进步，我也不断学习，这种与孩子们共同成长的感觉真的令我欢喜。虽然工作上时有难题，但我从未后悔曾经的选择，我也相信自己能保持对这个行业的热爱，继续走下去。

心之所向，砥砺前行

　　2016年，我将"学前教育"作为高考志愿的第一志愿第一专业填入了志愿填报表中，我的父母并不赞同，他们更希望我去读小学教育，但在我的坚持下他们尊重了我的选择，我和学前教育的故事自此开始了。

　　以女生为主的生活环境，从零基础开始学习的专业技能，需要长篇背诵的理论知识，所有的一切对我这个高中理科男生来说并不友好，但

幼儿园的男教师

挡不住我对这个专业的热爱。2020年，我从学前教育专业毕业并成功考入了如今的单位，成了一名幼儿园男教师。

那是我工作的第一年，也是最波折艰难的一年。

作为一个刚刚走上工作岗位的新人，虽然大学经历过两个月的实习，但真正开始工作，大大小小的事务依然让我不知所措。我所在的班级又是新小班，孩子们的入园适应问题以及与家长的沟通问题也像大山一般横在我的面前。

除此之外，我所在的园区还是一个新园区，环境创设任务艰巨，而我的动作又很慢，让我每天都陷在"拖累搭班"的深深自责中。不巧的是，入职以来我先后经历了集团总园省一级幼儿园评选、所在园区省二级幼儿园评选以及年底考核，其中年底考核更是受疫情影响，在考核前一天通知由线下考核变为线上考核。这一连串的大事和变故压得我喘不过气来，我却无法逃避，也无处逃避，因为对于我这个宁波人来讲，杭州是一个陌生的城市。也是那一年的春节，为了响应国家号召，我一个人留在杭州过年。当别人家灯火通明、家人团聚时，我却只有一盏孤灯，独自一人，仿佛所有的繁华都是别人的，而我什么都没有。

如果让我说工作第一年的感受，真的是难熬。可在这条我爱的道路上，我终究坚持下来了。回首三年前，正是经历了这样的磨砺，才有了如今的我。

三年的时间里，我结合自己的特点，逐渐形成自己独特的与孩子们相处的方式。用理科生的思维和孩子们一起"玩"科学，以男老师的体能和孩子们一起"玩"体育，以我较强的动手能力和孩子们一起"玩"手工，让孩子们"在玩中学"。每当看到孩子们取得哪怕一点点的进步，我都打心眼儿里感到高兴。作为园区中唯一的一名男老师，我时常把孩子抱起来转圈，或者背着孩子在操场上奔跑，有时也会把孩子放在脖子上"骑大马"，正因为如此，虽然我是带班教师，但其他很多班的孩子也都非常喜欢我。现在我只要在孩子们面前坐下、蹲下，就会有孩子飞快地跑过来坐在我的腿上或者趴在我的背上。当一个个小小的人蹦跳着要爬上我后背的时候，所有的磨砺都变成了宝贵的财富。

三年的时间里，我的环创技能变得更加熟练了，也尝试跟随教研组长梳理主题脉络，开展特色主题活动，撰写课程故事。我能更合理地分配精力，提高工作效率，与搭班的配合更加默契，也和同事们建立了良好的关系。通过平常对孩子的仔细观察和案例积累，在与家长沟通时我能详细地描绘出孩子在幼儿园时的表现和发生的趣事，自信地和家长分享我的发现和思考，探讨对幼儿的教育和引导方式，也因此赢得了家长的信任和配合。

如今的我不再惧怕孤独，与父母保持着稳定的联络，父母也给予了我最大的支持。三年的时间里，我学会了安排自己的生活，锻炼、阅读，有时会在单位里练琴，又或者和朋友小聚，让生活更加充实。收纳、清洁、添置物件，把我的小家打理得井井有条。最重要的是，我这个厨房小白逐渐学会了做菜，从最开始只会下面条，到如今能够煎、炒、炖、煮，做上一桌可口的饭菜，遇到空闲的时间还能自己和面包饺子、包汤圆甚至尝试做一些简单的甜品，偶尔也带一些美食去单位和同事们分享，生活变得多姿多彩。

幼儿为本，学习成长

"幼儿为本，师德为先，能力为重，终身学习"是《幼儿园教师专业标准》中的四个基本理念。这是我在备考教师资格证时背诵过的内容，也是我入职以来始终铭记在心的标准。我始终认为，作为一名幼儿园教师，要时刻将促进幼儿发展这件事放在心上，更要俯下身体贴近幼儿，去发现和理解孩子们的所见所想。

我们班级里有一个小楼梯，上面是供孩子们睡觉的地方。在我刚上班的第一个月，有个男孩子很喜欢穿着鞋子往楼梯上走。一开始我们都以为这个小男孩儿是出于好奇，想要上去看看，所以阿姨每次都把他抱下来，告诉他那里是睡觉的地方，现在还不能上去。小男孩儿点点头，但总是会再一次走上去。于是，我开始仔细地观察，发现他并没有在上面

幼儿园 的 男教师

到处乱走，而是停在阶梯的最后一级，趴在旁边的护栏上往下看，而下面刚好是班级的玩色区。我心里一动，走过去问他："你是不是想从高高的地方看大家玩？"小男孩点点头，我说："那我抱着你到每个区域都看一下，好不好？"然后我就抱着他走过了每一个区域。我还告诉他，下次有需要就告诉老师，我会带他去。小男孩很高兴，再也没有往上铺的台阶上走过。

虽然这件事已经过去了三年，但对于当时初入岗位的我来说，能通过自身的观察准确地理解孩子的需要，真的给予了我莫大的满足感和成就感，也更坚定了我观察幼儿、倾听幼儿、走近幼儿的决心。在接下来的三年时光里，我见证了每一个孩子的成长和进步，从每天哭鼻子到高兴地来幼儿园，从不参加集体活动到主动邀请同伴一起玩耍，我给予孩子们倾听和帮助，也收获着孩子们的喜爱和家长们的信任。就这样，我与孩

子们一起度过了一天又一天。

我的母亲经常好奇地问我:"你作为一个男老师,平常带班的时候和女老师有什么不同?"说实话,我答不上来。因为我作为一个新人,工作仍以观察学习为主,学习如何带班,学习如何给孩子回应,甚至学习如何给女孩子梳辫子,我每天做的事情似乎确实和女老师没什么两样。于是,发掘我作为男教师的价值成了我在工作上的又一个目标。

三年的时间里,我逐渐将自己的兴趣和特长融入班级活动和材料创设中。我喜欢弹钢琴,所以每次开展歌唱集体教学活动或者组织孩子进行环节过渡,我都会选择自己弹钢琴带领孩子们唱歌,而非使用多媒体播放伴奏。我喜欢设计、制作玩教具,所以经常结合孩子们的兴趣、特点进行区域材料的设计和制作。以最简单的棋类材料为例,从小班第二学期开始我已经完成了5副游戏棋的设计和制作,深得孩子们的喜爱,每次区域活动时都有很多孩子围在一起要下棋。一系列的游戏棋设计不但培养了孩子们对棋类游戏的兴趣,更让他们的能力得到了持续发展。我作为曾经的理科生,在科学知识上有一定的储备,所以也经常会带着孩子们一起动手进行科学探究。三年时间里,我和孩子们一起发现叶脉的特征,探索声音的由来,学习显微镜的使用,了解电路与电路图的关系……相信在接下去的日子里,我也会和孩子们继续走在科学探索的道路上,用孩子们能听懂、理解的语言和方式,将一个个科学现象和奥秘展现在孩子们的面前。

也许如今的我还不能很好地解答"我作为男教师能给孩子带来什么价值"这个问题,但是我能自信地说,对于孩子的发展,我有属于我的那份独特价值。而我将继续在这条路上探索,发掘出自己更多的价值,也发掘出我作为一名幼儿园男教师的价值。

多维发展,敢于担当

作为一名教师,很重要的能力之一就是组织好一节集体教学活动课,我也始终谨记这一点。在工作的三年中,我对自己组织的教学活动认真准备、及时反思，也认真倾听其他老师的课，不断学习，在这个过程中也积累了一些经验。

在工作的第一年，我参与了拱墅区组织的新教师培训，有幸被选中进行新教师集体教学活动展示之科学领域的展示。我当时选择了一个科学活动"海绵宝宝"，并在两位导师的指导下进行了一次又一次的磨课。正当我以为自己已准备充分时，区教研员在新教师公开课的提前展示中指出了这个活动在活动目标和活动设计方面存在的问题，导致整个活动需要全部推倒重来，而此时离最后正式展示的时间已经很近了，压力骤然而至。在剩下的每一天里，我都抓紧时间重新磨课，但由于活动所需材料在不断调整和损耗，所以每天晚上我都要花费几个小时重新准备教具材料。我拿光了单位食堂积攒的瓦楞纸箱用来制作教具，花费几百元在网上购置了各种款式的海绵，希望让孩子有更好的体验，也希望自己能更好地去完成这次教学活动展示。在忐忑不安中，正式展示的日子终于到了，那是我入职后第一次在这么多人面前上公开课，紧张是必然的，在对幼儿的回应上也出现了一些失误。但总体来说，活动完成得比较完整，也落实了活动目标。

两年后，我通过了园内的选拔，被推选参加拱墅区的"新苗杯"赛课，这是拱墅区与原下城区合并后的第一次赛课，参与人数多，难度自然也更大，只不过这一次我不再紧张了。我选择了一个音乐领域的歌唱活动，发挥了我在弹琴和歌唱上的特长，用一架钢琴边弹边唱，踏踏实实地完成了这次教学活动，让孩子们在快乐的互动中学会了这首歌，学会了对唱。这一次，我获得了新苗杯的一等奖。

前进的道路总是充满挑战，有时也会将人打倒。可这些挑战也恰恰印证了前进方向的正确性，站起来，走下去，才能见到不一样的风景。

作为一名男教师，除了抓牢"教学"这一项教师的本质工作，我同样也承担着单位的多项其他工作，锻炼和发挥自己在各个方面的能力，让自己更全面地发展。

作为申花学前教育集团新闻组的一员，我踏实完成常规的新闻撰写任务，并不断提高自己对公众号的运营能力。同时，我也积极参与各类稿件、文章的征集活动，先后有两篇文章成功入选"学习强国"，让自己的写作能力得到了提高。在2022年教师节的集团活动中，我负责主持并自己撰写主持稿，也收获了大家的肯定。

入职之后，我承接了一件非常重要的工作，即对两个园区疫情数据的统计和上报。几百名学生，近百名教职工，需要统计数百人的数据真的倍感压力。但这项工作又十分重要，我不得不打起十二分的精神对待，我经常花费几十分钟时间进行统计，发现异常数据马上与各班教师联系核实，尽可能地确保数据上报及时和准确。2021年，我获得了区教育系统疫情防控先进个人的荣誉，这也是对我工作付出的一种肯定。

我还是园区幼儿足球队的负责人，教师在每个大班中选出一些对足球感兴趣的孩子，让他们一起踢球，开展一些基础的足球训练。在担任这个工作之前，我对足球也是一无所知，不会踢足球，连基本的规则都不了解。因此，我在第一年的足球活动中可谓是"两眼抓瞎"，带队参加区里的足球比赛也惨遭淘汰。可正是这样的经历，促使我更主动地去了解足球的比赛规则和训练方式，主动向喜欢踢足球的朋友以及其他幼儿园的足球负责人请教、交流，所以现在的我才能够独立地带领孩子们进行基础的足球训练。

除了这些，我也自觉承担了单位电子设备的操作及维护事务，如电子屏幕、音控设备的使用，时常帮助同事解决电脑使用问题。在班级和园区的环境创设中，一些需要使用梯子登高的任务也由我完成，作为一名幼儿园男教师，我始终觉得自己要有责任和担当。

工作三年，时间不长，经历不少，有挑战，有失败，有欢笑，有成功。我从未后悔自己踏上了这样一条路，也坚信自己能在这条路上走出自己的方向。还有一个学期，我带的第一批孩子即将毕业，他们会奔赴各自的学校，开启不一样的人生。而我的下一个三年，又会有怎样的风景呢？

做一名农村优质幼教的领路人

浙江省绍兴市嵊州市五爱幼教集团　魏俊军

"万花丛中一点绿",这是大家对幼教队伍里的我身份的形容,绿色代表着希望,代表着生命力,我也越发爱上这点"绿"。自2009年大学毕业回到嵊州,我有幸成了幼儿教师中的那一点"绿",并用自己的心血滋润着这份独特的色彩。

我叫魏俊军,出生于1987年11月,本科学历,一级教师,现任嵊州市五爱幼教集团总务主任兼屠家埠园区负责人。工作期间先后获得了嵊

州市优秀教师、教坛新秀、十佳教坛新星、学科带头人、越乡好教师等荣誉，是幼儿、家长及同事心目中公认的好教师。

一、党员带头　走进农村

2018年春，当得知幼儿园需要派驻一位党员、骨干教师到屠家埠村全面负责新园的消息后，我便毫不犹豫地递交了申请书，也因此与农村幼儿教育结下了缘分。作为一所乡村幼儿园，又是五爱幼教集团的新园区，我深感肩上压力沉重。为缩小城乡教育差距，促进农村幼儿园快速发展，作为党员的我，满脑子都是充分发挥党员先锋模范作用，带头下乡支教，提供良好师资的想法。

2018年暑假，为了能顺利开园，我天天跟工地里的工人打交道，几乎每天奔波于城乡之间。由于受到地域限制，许多物资无法快递到农村，我又毫不犹豫地亲自运输，担负起义务运输员的职责，直到现在。四年多来，一直兢兢业业，以身作则，总是最后一个离开校园，走之前还不忘在园里转一圈，查看电器设备是否关好、园区内是否有异常情况等。

二、关爱师生　矢志不渝

作为园区负责人，工作琐细而繁重。记得刚开学那会儿，为带好新手保健医生、安管员、食堂工作人员等，我带着微笑奔波于各个现场，为大家排忧解难。由于屠家埠村的大部分村民都在外面打工，所以祖辈照料孩子的情况较多，有的父母一个月才和孩子通一次电话，有的一年才返家一趟，甚至两年未回家，总以为把钱寄回家，孩子吃饱、穿暖，满足孩子的各种物质需求就够了，而忽视了与孩子间的心理沟通与交流。为了给这些留守儿童更多的关爱，我与教师们商量，给家长们多发些孩子在园的相关视频和照片，组织教师提供条件让情况特殊的孩子与远方的父母进行视频聊天，等等，增进远隔千里的亲子之情。

在帮扶农村年轻教师方面，我同样花费诸多心思：虽有"五爱"大家庭的支持与帮扶，但农村教师招聘难度大，好教师大部分还是需要靠自己培养。于是，我除了白天听年轻教师上课外，下班后就抽空辅导有意向留园的实习生复习备考教师资格证；组织报考编制的老师们进行抱团学习，合理安排同步推进她们的理论知识学习与基本功练习，以此激发年轻教师产生留在农村的想法。农村新幼儿园的新教师如何管理新班级、跟农村家长进行交流等，都成了棘手的问题。为此，我特意制作PPT进行现场交流，有空就随堂跟班，随机组织教师互动与交流，并努力放大每个人的亮点，让农村教师逐渐增强自信，逐步提高教育教学水平。2021年，幼儿园成功承办绍兴市农村幼儿园提质现场会，深得同行好评。

三、城乡教育　理念先行

回想起从开始办园时只有64个孩子，到如今有两百多个孩子的这一段历程，我有着说不出的感慨！感谢社会各界对幼儿园的关照，感谢家长对幼儿园工作的支持，也感谢我自己的初心与坚持。

当初，村里家长基本认为"孩子在读小学前，上一年幼儿园即可"，更不要说上什么托班、早教班了。我与孩子们接触了短短几周后，也明显发现了城乡孩子之间的差距，特别是语言发展和习惯培养方面，我开始清楚自己接下来需要做些什么了。为了让家长对幼儿教育的重要性有更好的了解，我和老师们结合"个案"，在幼儿接送时间站在园区门口当起了解说员。记得有个孩子的奶奶常常夸我们本领大，有方法。原来，这位奶奶家中有个2周岁多的孩子，迟迟不肯开口说话，还时不时发脾气。自从上了一个多月的亲子早教课，这个孩子神奇地冒出了很多词汇，这让她激动万分。我们经过调查后了解到，孩子因父母长期不在身边、长辈过分宠爱而错过了早期语言发展的关键期，于是，老师们专门设计游戏来激发孩子开口说话的兴趣。老师们的付出以及取得的成就，让家长们越来越感受到早期教育的重要性。

为了让更多的家长尽早了解正确的早期教育理念，我们开始尝试进行公益早教活动，通过亲子活动向家长传播科学早教理念，帮助家长树立科学的教育理念，形成良好的家庭教育氛围，从而携手幼儿园一起帮助孩子走好人生的第一步，逐步缩短农村与城市之间的差距。

四、携手并进 共同"富裕"

在村干部的大力支持下,五爱幼教集团拥有了属于自己的大农场。正是这片土地,拉近了城乡孩子彼此间的距离。城市里的孩子对大自然的一切都充满好奇,而生活在农村的孩子也对城市有所向往。怎样才能"携手并进,共同成长"?在五爱幼教集团的统筹下,我们开启了园区与园区之间、班与班之间的结对成长活动。

孩子们手拉着手,走在充满生机的田野上。农村的孩子大胆地向城市的孩子述说大自然的秘密:"这些是小麦,这个是麦芒,我们吃的馒头、面包的主要材料就是它,那边是玉米……""你们会爬树吗?想不想跟着我们一起爬爬树?……""你知道青菜上的虫子躲在什么地方吗?走,我带你们去看看吧!"而在教室里,一个来自城市的孩子正手拿遥控器,向同伴们展示着他自己拼装的机器人,介绍其功能与操作方法,教室里

时不时传出阵阵欢声笑语。

如此的交流与互动，既促进了城乡孩子之间的相互沟通、交流学习，又让城乡资源得以共享，让城乡孩子共同成长。

五、勇于挑战　不断探索

在幼教工作生涯的十五年里，我曾担任过班主任、教研组长、教科室副主任、园区负责人。每一次工作内容的变化，对我来说都是一次挑战，更是一次成长的历练。特别是担任屠家埠园区负责人时，一堆堆问题总是迎面而来，而我学会了微笑面对。如：由于后花园和小农场石块较多，教师们总觉得很难组织孩子开展更多活动，我笑着说："教育契机又来啦！问问孩子们，这些石子可以用来干什么？"慢慢地，教师和孩子都养成了遇到问题时先一起动动脑筋的习惯，"办法总比困难多"成了师幼每天思考与行动的前期。而后花园也在"师生移石"后成了孩子们新的实践探究基地。

农村幼儿园如何走出自己的特色发展之路？屠家埠幼儿园在"五爱"大家庭的"爱·吾爱"课程指引下，支持幼儿以农场为载体，积极开展"吾爱田野"课程探究，让"田野""自然"等元素，在"吾爱润泽童年"的核心理念下，开启"自然润泽童年"的课程园本化探究之旅。2022年7月，"吾爱田野"课程获得绍兴市精品课程评比二等奖。

四年多来，我的每一天都在成长的路上度过，从抓实一日活动到拓展村民互动载体，激发村民参与美丽乡村建设意愿并带领园区稳步发展，屠家埠村和幼儿园正携手前进。现阶段，植物方舱建设正在进行中，我们相信孩子们的劳动实践载体又将开启新的篇章。

坚守梦想，积跬步至千里，积小流成大溪，不言放弃不张扬，静待花开满园香。作为万红丛中的一点"绿"，我相信自己在未来的日子里，能用自己的微小力量，为农村幼教质量的提升以及农村幼儿园的现代化建设再次添光加彩。

我"家"的故事
——我爱我的"家"

山东省农业科学院幼儿园　王萌

幸福是什么？有人说幸福是陶渊明"采菊东篱下，悠然见南山"的那种闲适；有人说幸福是"美酒饮教微醉后，好花看到半开时"的那种雅趣；还有人说幸福是"老夫喜作黄昏颂，满目青山夕照明"的那种充实。我向往海子的生活："我有一所房子，面朝大海，春暖花开。"但是这种温馨总让我觉得多了几分孤独。我更喜欢现在简单忙碌的生活，因为时光还在，爱的人还在。

我，一个来自农村的毛头小子。二十三四岁时，只身来到这座城市。那时我并不孤独，虽未成家，但拥有一个幸福的幼儿园大家庭；如今三十而立，虽远离家乡，但荷包里依然装满了父母的牵挂。我的心里一直存有两则小故事，温暖且难忘。

幼儿园的男教师

故事一

那是2013年8月19日，天气晴朗。那是我收到山东省农科院幼儿园录取通知要离家的日子。温暖的清晨，我睁开惺忪的睡眼。眼前是父母亲忙忙碌碌的身影。身体略显单薄的父亲正把我的皮箱一遍一遍地擦拭，一丝不苟以至于他没有发现我已从梦中醒来。我又何尝不知道，父亲为了让我多睡一会，一直没有把我叫醒。不知过了多久，父亲转过身来，阳光正好照在他布满皱纹的脸上。我看到他的脸上挂满了欣慰与骄傲。我轻轻地喊了一声："爸。"父亲先是一愣然后笑眯眯地应了一声。对我说："昨晚，我和你妈把皮箱帮你收拾好了。一会你起床再看看，还有什么没有装下。"我说："爸，歇会吧，一会我自己收拾就行了。"父亲答应了一声，转身走出了屋外。我的父亲在我高二那年查出了印戒细胞癌，这让他的身体略显单薄。他一直是一个比较严厉的人，不苟言笑，内心情感很少流于外表。但我知道，天底下没有第二个人比他还要疼我。当我慵懒地穿好衣服走出屋外时，母亲正端着一盘饺子从厨房走出来。饭菜的香味令我胃口大开。母亲说："刚包的饺子，快点来吃，吃完还得赶时间去济南。"我轻轻地应了一声，径直走向了洗漱间。对着镜子，我的眼睛已泛起泪花。当我坐到餐桌前时，却早已不见父亲的身影。母亲告诉我，怕我误了时间，赶不上报到，父亲已去车站排队买票了。母亲与我相望无言，我埋下头，吃着香喷喷的饺子，这是我最爱吃的也是最熟悉的三鲜馅饺子。母亲还是像往常一样，把她盘子里的饺子分了许多给我。我没有拒绝，我知道分来的不只是饺子，而是"临行密密缝，意恐迟迟归"的牵挂。油然而生的幸福感像是麻痹了我的味觉，我有种说不出的滋味。这一顿早餐平淡又特殊，只是少了父亲的存在。我知道，我更懂得什么是爱了。

吃完早饭，母亲陪我来到车站，父亲早已经在这里等候。父亲执意接过我手中的行李，我推脱了好久，但是没有成功。此时的我，多么希望父母在我不经意的时候快一些离开车站。我怕离别的心太重，我怕他们看到我的泪水。我使劲挤出笑容，我笑着陪父母聊着天等汽车。母亲的叮咛，父亲的嘱咐，我都像如获至宝一般统统塞进我的心里。驶往济南的汽车进站了，我却似乎忘了时间。当父亲帮我把行李装进汽车的储物箱时，我才反应过来，我要上车了。我松开母亲的手上了车，在车窗前笑着和他们挥手再见。我看到父母相互说了几句话，父亲转身走进车站大厅。我正纳闷时，父亲手里握着两瓶饮用水，一路小跑朝我奔过来。推开车窗，父亲说："给，路上喝。"车子已经发动，我又是默默无言。汽车缓缓驶出车站，透过车窗，我依然看到父母在向我离去的方向张望、挥手。泪水模糊了视线，此时此刻，我放肆地让不舍的眼泪在我脸颊流淌。

如今，父亲去了遥远的天国，我真的真的很想他……

故事二

2019年3月1日，天气晴朗。给孩子们上完了一上午的课，我略带疲惫地坐在小椅子上望远沉思。作为幼儿园男教师，我们顶着不小的社会压力。时常会被问起"为什么要当一名幼儿园男教师"，我总是斩钉截铁地套用一句很官方的话来回答："我愿把我的一生奉献给伟大的幼教事业。"别人听后也只是哈哈一笑。其实，很少有人了解，幼儿园男教师可以给孩子带来什么。幼儿如果长期只接受女性的抚养和教育，其身心发展必然受到影响，甚至可能表现为一种女性化倾向。男教师可以帮助孩子形成坚毅性格、培养创新能力，让孩子身心和谐发展。我想，这就是我存在的理由吧。这时，一双有力的小手捏在了我的肩膀上。我转过头，映入眼帘的是孩子小桢稚嫩的笑脸，在阳光的照耀下是那么可爱、顽皮。"王老师，我帮你按摩。"小桢说道。我故意逗他说："你刚刚叫我什么？"小桢停下来思索了一会，煞有其事地喊道："王老师爸爸！"

自从和小桢一起演过一个家庭小品后，"王老师爸爸"就成了我在他口中的代号。记得还有一次，因为我没有让他加入我的"突击小队"。小桢还耍了好大的性子。我走到哪，他跟到哪，小眼睛一直盯着我也不说话。当我问他怎么了时，他终于憋不住了，一边说一边掉泪："王老师，我以后再也不抱你了，我再也不叫你'爸爸'了……"他生气的小脸，认真

幼儿园的男教师

的样子让我再也忍不住,"扑哧"一声笑了出来。我把他揽在怀里,悄悄地和他一起商定了一个协议,还拉了钩钩。至于协议是什么,我不能说,因为这是我和他之间的秘密。

孩子的心灵是纯洁的,孩子对他人的关心是发自内心的,而且没有功利性。就像小桢一样,简简单单的一句话,简简单单的一个小动作,就让我的疲惫烟消云散。因为我知道,我的孩子们爱我,我爱我的孩子们,我们之间处处流淌着幸福的暖流。

以上就是我想分享的两则真实的小故事。我有两个温馨的家,一个住着慈爱的亲人,一个住着可爱的孩子们。亲人们在生活上给予我细微周到的关心;孩子们在工作中给予我永不停歇的动力。我爱我的"家",因为他们,我的心中才始终充满着朝阳;因为他们,我的生活才始终有幸福在流淌……

一个幼儿园男教师的十年

浙江省丽水市实验幼儿园教育集团　夏桂杰

作为一名市级优秀幼儿园男教师，回首我的职业生涯：在职业前期，我经历了磨砺自己的阶段，积极融入团队，为今后的职业发展奠定了坚实的基础。后来，我深刻认识到专业成长的重要性，开始寻找自己的定位，并积极充实自我，不断提升自己的能力。现在，我依然怀着初心，不断砥砺前行，立志成为幼教行业的优秀教师。

在过往的十年中，我始终坚持以孩子为中心，用心关注他们的成长和发展。在以孩子为中心的同时，也关注每一名孩子的家长，与家长们建立了良好的互动和沟通关系，成为他们信任的朋友。在不懈的努力下，孩子们得到了更好的关爱，健康成长，我也获得了家长们加倍的信任与尊重。

丰富的教学经历，充分展现了我的专业素养和职业精神。不断学习、不断成长、不断磨砺，是我成为一名优秀教师的关键。我相信，在未来的职业生涯中，我将继续保持初心，不断挑战自我，为孩子们的美好未来指引方向，贡献自己的力量。

一、融入团队，磨砺成长

作为一名男性幼儿教师，我已经工作了整整十年。这十年的经历对我来说是非常宝贵的，让我从一个对幼儿教育一无所知的新手成长为一名淡定从容的老教师。刚开始从事教育工作时，我并不是很确定自己是否适合这个职业。因为在当时，幼儿教育还没有被大众广泛认可，而且作为一名男性教师，更是遇到了重重阻碍与挫折。但是我并没有放弃，相反，我决定努力工作、不断学习，以证明自己在这个领域的能力和价值。

在职业生涯前期，我努力融入团队，学习教育技能和方法，以提高自己的教学水平和专业能力。经常参加各种教育研讨会和培训，了解最新的教育理念和教学实践，并将这些知识应用到我的教学中。还会花费大量的业余时间阅读各种与幼儿教育相关的书籍和文章，以不断丰富自己的知识、提升自己的技能水平。随着工作的不断深入，我发现自己对幼儿教育越来越热爱，并开始思考如何发挥自己的优势，为孩子们创造更好的学习条件。我开始寻找自己的发展定位，并将重心放在了幼儿教育的精细化管理方面。

为了实现这个目标，我逐步承担起更多的专业成长职责，包括指导新手教师、组织课程活动等。在此过程中，我结合最新的学前教育行业趋势和研究成果，将这些知识应用到教学中，并与其他专业人士交流经验和观点，建立了一些重要的人脉。但是，成为一名引领者并不是一件容易的事情，其中不乏各式各样的困难，比如在学术研究和实践之间寻求平衡，以及处理好团队内部的关系。但我并没有被困难吓退，而是花费更多的时间和精力来学习如何更好地管理自己，研究学习如何与他人沟通，如何建立团队，如何管理时间和资源。通过这些学习和实践，我不断提高自己的专业能力，并成了团队中的一名关键成员。

除了职业规划，我也开始关注幼儿教育的其他方面，比如家长和社会对幼儿教育的推动作用。因此，我参与到家长会议和社区活动中，与家长和社区人员交流，为孩子们争取更好的教育资源和环境。这些经历让我认识到，作为一名教师，不仅要关注自己的专业能力，还要考虑到社会和家长的需求和期望。我不断尝试将这些思想和实践应用到我的教学中，让孩子们在学习过程中感受到更多的关爱和支持。

在这个过程中，有时候我会遇到一些棘手的状况，需要用自己的耐心和智慧来解决问题。有时候会遇到自己无法解决的问题，需要寻求其他专业人士的帮助，但这仍然无法阻挡我前进的步伐。因为我深知自己在这个职业中的重要性，也明白这个职业对于孩子们的成长和发展的意义。只要不断学习和实践，持续提高自己的专业能力和管理才能，一定可以为孩子们创造更好的学习环境、提供更好的教学体验。

回顾我的职业生涯前期，我感到非常自豪和满足。我成长为一名优秀的一线教师，也成了孩子们的榜样和支持者。相信我的经历可以激励更多的男性幼儿教师走出困境，为幼儿教育做出更大的贡献。

二、用心钻研，用情教育

我一直热爱我的工作，对幼儿教育的热情从未减少。相信幼儿教育是社会的基石，是为下一代创造一个更美好世界的关键所在。因此，我始终将幼儿教育当成一份事业以及对孩子的责任，而不仅仅是一份工作。

始终致力于提供一个安全、有爱心、有挑战性的且令人愉悦的学习环境。我的教学方法基于玩耍和学习相结合的理念，能够让幼儿轻松、愉快地学习。我相信，幼儿教育需要从幼儿自身出发，以他们的需要和兴趣为中心，以促进幼儿的全面发展为目标。因此，我的教学方法往往是非常灵活和多样化的，让幼儿们可以根据自己的兴趣和需求来学习。

我从未忘记这份工作最核心的要素是给孩子们提供最好的教育和照顾。在工作中，我始终用爱心和耐心去关注每一个孩子，帮助他们学习、成长。每个孩子都有自己的特点和优势，我的任务就是挖掘他们的潜能，为他们提供发展的机会和条件。努力加强与家长的沟通，了解孩子在家里的情况和存在的问题，以便更好地指导他们的学习和行为。

在对孩子的教育过程中，我不给他们施加压力。相反，我一直试图鼓励和赞美孩子们的努力和成就。我相信，正向的鼓励和赞美可以帮助孩子们建立起自信和自尊心，从而更好地进行学习和生活。

在这段时间里，我坚持学习，提高自己的教育水平和技能。我也很荣幸地参加了一些幼教领域的交流活动。这些经历为我提供了更多的机会去学习和了解最新的幼教发展趋势，能够更好地将这些知识应用到我的教育实践中。我与多位同事相互学习、交流经验，共同探讨如何为孩子们提供更好的教育。

除了教学方面，我也不断加强与家长的沟通、交流。我相信，教育需要家长和教师的共同合作，才能更好地实现孩子们的全面发展。因此，积极与家长沟通，了解他们的需求和关注点，协助他们更好地照顾和教育孩子。经常举办亲子活动，让家长与孩子们一起参与，共同创造美好的回忆。

我相信，幼儿教育是一项长期而艰巨的任务，需要教师们的坚持和付出。我始终保持积极的心态和热情，面对每一天的工作。我的工作不仅仅是一个职业，更是一种使命和责任，为孩子们的未来成长创造更好的机会和条件。

三、不忘初心，砥砺前行

在过往的十年中，我遇到了各种各样的孩子。有些孩子天生活泼可爱，而有些孩子则需要更多的关注和支持。我知道每个孩子都是独一无二的，所以我尽力去了解他们，帮助他们找到自己的兴趣和特长，鼓励他们发挥自己的潜力。但是，幼儿教师的工作不仅仅是面对孩子，还需要与他们的家庭密切合作。关注孩子的同时，也与家长保持密切联系。我经常与家长交流，以确保孩子们在家庭和幼儿园中得到最好的支持和指导。这些交流并不总是容易的，有时候我必须倾听他们的担忧以及不同意见，

但是我相信通过交流和理解，我们可以共同为孩子们的未来打下坚实的基础。

除了与孩子们和家长们的交流外，我还花费大量的时间来进行自我提升。我不断学习和了解新的教育理念和方法，以确保我能够为孩子们提供最好的指导和教育。我相信，学习永无止境，只有不断强化自身能力，我才能够成为一个更好的幼儿教师。

十年里，我看到了许多孩子的成长和发展。他们曾经是天真无邪的孩子，现在成长为自信和有能力的年轻人。我很自豪能够在他们成长的旅程中扮演一个重要的角色。他们的笑声和成长轨迹，是我幼师职业生涯中最美好的回忆。

十年里，我遇到了很多挑战和困难。有时候我会感到力不从心，但我始终未曾放弃过。我知道，我的工作对孩子们的成长和未来有着深远的影响。因此，我始终保持积极的心态，充满信心地面对每一个挑战。我始终没有忘记自己的初心。

　　我的职业使命是帮助孩子们在他们的成长道路上获得更好的启示和指导，成为一个温暖且有爱心的导师。

　　在未来，我将在幼儿教师的教育之路上不断前行，继续为孩子们的成长和发展做出贡献。我会探索新的教育方法和技能，以帮助孩子们更好地学习和成长。我会保持我的初心，继续关注每个孩子的成长过程及其需要，给他们更多的爱和支持，帮助他们成为更好的自己。

　　在做好本职工作的同时，我还有一个重要的使命，那就是推广男性幼儿教师的影响力。作为一名男性幼师，我深知这个职业的挑战和机遇，也明白在这个领域中我们的重要性。我会积极参与推广男性幼儿教师的影响力，鼓励更多的男性加入到这个行业中来，为孩子们的成长和发展做出更大的贡献。

　　最后，我要感谢所有曾经支持和鼓励过我的人，是你们的支持和鼓励，推动着我勇敢前行。我会继续努力，为孩子们的成长和发展、为学前教育的发展做出更大的贡献。

"筝"爱童心，乐伴童行
——杭州市长青幼儿园最艺术的男教师

浙江省杭州市拱墅区长青幼儿园　夏念鑫

我叫夏念鑫，1993年出生，毕业于浙江师范大学杭州幼儿师范学院，是就职于杭州市长青幼儿园的一名男教师，获得过拱墅区优秀教师和教坛新秀称号。

一、"筝"爱童心——理解孩子的陪伴者

我加入杭州市拱墅区幼教队伍转眼已是第九个年头。一路走来，有当初刚毕业想干一番大事业的豪情壮志，有在琐碎的工作中摸爬滚打的苦恼，有遇到困难和问题时想要放弃的想法，也有在不断努力和尝试中收获的成绩。

在和孩子朝夕相处的日子里，我敢于放手，学会"偷懒"，不包办代替，让孩子不断挑战自我，在幼儿园中积极、快乐地生活。我在带领孩子们玩体育游戏时，会鼓励孩子们尝试各种耐力、挑战类运动，以此增强

幼儿园的男教师

孩子们的体能，帮助他们逐渐养成坚韧、勇敢的品质，也让他们感受到来自幼儿园的"父爱"力量。

既会唱歌、弹钢琴又会演奏古筝的我，与幼儿教育结了缘，在工作中努力做民族音乐的传承人，做孩子音乐的启蒙人。结合自身特长，我有意识地对孩子们进行音乐方面能力与素养的培养，在幼儿园生活中，小朋友们经常能听到我弹奏古筝和钢琴，也时常能听到我嘹亮的歌声。这些活泼可爱的孩子们纷纷爱上了我这个多才多艺的大哥哥。于是，我成了孩子们眼中的"好兄弟"和"好爸爸"，同事眼中的阳光大男孩，家长眼中能给孩子带来阳刚之气的优秀男老师。

二、乐伴童行——点燃兴趣的启蒙者

作为一名幼儿园男教师，我和女老师一样要承担班级管理、保育教育、家园互动等各项工作，不会因为性别的差异而在专业能力方面有所区别。

在刚工作时，我觉得自己就是孩子的好朋友和好玩伴，有的孩子会

叫我兄弟、大哥，或者我的名字，有时，他们还会趴在我身上嬉笑打闹，我经常对这一份亲近感到得意。但随之也出现了问题，这种亲近关系使得教学活动开展失去了该有的秩序。

通过不断地学习一日活动如何组织，我能更专业地和孩子们进行互动。在师幼互动的过程中，我会以支持性的态度和行为与幼儿互动，平等对待每一位幼儿，鼓励幼儿自信、从容、大胆地表达自己的情绪和观点。

在工作的九年里，我一直在努力提升专业能力，钻研教学实践，有多位专家、园长对我说："夏老师，你要发挥自己的特长，争取做一名有特点、有自己专长的男教师。"在他们的鼓励下，我结合自身音乐特长不断尝试创新各类音乐活动，这些音乐活动潜移默化地提升了孩子们的音乐素养，我所带的班级里的孩子们都会不自觉地哼唱歌曲。我开展的工作也得到了幼儿园的肯定和支持，我承担过幼儿园年段音乐教学工作，在这一过程中，我积累了丰富的音乐教学经验，后又担任区男教师艺术领域研修组长、园区音乐教学研修组长，并将自己在音乐活动中积累的执教经验运用至教学研修中，和教师们一同探讨音乐教学的实施。在多年的积累中，由我原创执教的音乐活动"武动古筝""划龙舟""骑木马游中国""春天的歌""新年的歌"等多个教学活动在区内外交流培训中多次展示，建设的《大班幼儿诗乐课程》之江汇网络教学空间被评为杭州市精品教学空间。我还利用自己的专业能力，指导幼儿参加市、区级艺术节及天堂儿歌比赛，并多次荣获一、二等奖。

成为一名研究型幼儿教师是我一直努力的方向，因此，我积极参与教科研活动，提升专业能力，学会观察、记录与研读幼儿行为，从幼儿视角出发开展教学、游戏等活动，在活动中分析、总结经验，并将工作的点滴进行记录，撰写案例、论文等。我主持的课题、撰写的论文曾获区一、二、三等奖，在杂志上发表的论文共有十余篇，我还在区内外多次分享了《以幼儿为视角，大班音乐活动"武动古筝"教学策略》《基于幼儿学习特点的音乐教学》《"评估指南"指引下，区域活动中的有效互动策略》等专题报告。有努力就有收获，我便是在努力的过程中不断收获的。

三、孜孜不倦——胸怀理想的追梦者

如今我走上了幼儿园教研的工作岗位，初上教研岗位的我，还需不断学习，努力提升自己的专业能力。工作中，我带领着幼儿园的老师们基于幼儿园现状开展了各类园本研修活动，在研修过程中，我注重引导教师们逐步统一教育理念，提升专业知识和班级管理能力。为了提高新教师的执教能力，我以骨干教师、青年教师、新教师三个层次组建教学研修小组，分组展开研讨，帮助新教师们更快地熟悉教育教学方法。

在一次次组织教研活动和日常管理工作中，我不断反思自己，我认为教研不能只是一个人的思考，而需要幼儿园全体教师的思考与合作，大家群策群力共同解决面临的问题，才能够不断提升幼儿园的教育质量。

幼儿园教师承担的责任很特殊，虽然付出很多，但是收获得更多。孩子的一个微笑、一句关怀，家长的支持，都是对我的肯定，也让我对幼教事业更加热情，让我的幼教之路走得更加坚定。

筑梦童年，温暖相遇

浙江省衢州市柯城区银河幼儿园　杨凡

缘起与初见

我的名字叫杨凡，我毕业于浙江越秀外国语学院的英语专业。

大家肯定会想问，杨凡，你学的英语专业，怎么不去当英语老师，反而当了幼儿园老师？是啊，在零几年的时候，人们通常都认为男生去当幼儿教师一点都不体面，而我最初也是这样的想法。但我却在偶然情况下涉足了幼教行业。在大学毕业前的最后一个月，同学们都找到工作了，而我因为性格内向，实在是不适应在外贸公司与各类人打交道的工作，于是我的辅导员就对我说："杨凡，我们学校有一家附属的双语幼儿园，不如我推荐你去那里当英语老师吧！"我的第一反应是拒绝，但后来再一细想又觉得反正暂时找不到工作，而我也很喜欢小孩子，于是便去面试了，从此，我就成了杨老师。而这份工作，我从2008年毕业一直干到了现在。

幼儿园的男教师

刚成为幼儿园男教师，我就遇到了职业生涯中的第一个挑战。幼儿园里每个班配有三名教师，班主任负责幼儿半天教学，副班教师负责幼儿半天英文教学，包括常规管理等全部要使用英文，不许说中文，还有一位生活老师。当时我在中班当副班教师，但班主任老师忽然生病住院，请了半个学期假，我这个零经验的教师就成了中班的代理班主任。班里孩子们的吵闹、没完没了的告状、判不清的"案情"、时刻紧绷的神经，将我的耐心慢慢消磨殆尽了。

不过人们常说，逆境使人成长。在教学副园长寒老师的指导和生活老师余老师的帮助下，我渐渐地对这份工作得心应手起来。在孩子们的吵闹声中，我学会了倾听；在孩子们的玩耍中，我学会了观察。我开始蹲下来和他们平等交流，慢慢的，我和他们打成了一片，成了他们的孩子王。童言无忌，孩子们的话语常常惹得我忍俊不禁。记得有一次午休结束，我正在帮李一辰小朋友穿衣服，只听他突然说："杨老师，我以后不

要结婚生孩子。"我很奇怪地问:"为什么呀?"结果他说:"万一生下来的孩子像我一样不听话,那怎么办啊?"原来他也知道自己很调皮,这些孩子实在是太可爱了。

渐渐地,我喜欢上了这份工作。

当时,我所在的幼儿园组织了一场关于爱的演讲比赛,我是被要求参加的,不知道要演讲哪些内容。于是,我就去网上搜索各种幼儿教师演讲稿,东拼西凑写了一篇《幼儿教育六颗心》,这六颗心是指爱心、耐心、细心、恒心、责任心、平常心。爱心放在首位。但当时的我并没有真正理解爱心意味着什么,真正的爱在哪里。

暂别与回归

后来我出于工资的原因以及自身的发展规划,离开了绍兴越秀双语幼儿园。回到衢州后,我试着做外贸工作,可是工作了一年以后我发现我忘不了与孩子们相处时的那种感觉。尤其是期间我还去了浙江省第一监狱做跟单员,与劳改犯接触了两个月的时间,这两个月我都在想:是什么让他们走到了这一步?教育是不是可以改变这些?于是,我主动辞职,回到了幼儿园,同时也考出了幼儿教师资格证。这一回,我发现,我是真的很喜欢这份工作。

回到了幼儿园,回到了熟悉的环境,一切是那么的亲切。我更珍惜在幼儿园的每一分每一秒。我开始恶补幼儿教育相关知识,争取更多外出学习的机会。我也非常幸运去了上海宋庆龄幼儿园、中福会幼儿园学习。在这些幼儿园中,我看到了国内一线城市的幼儿园男教师是怎样教学的,我感受到了他们上课时的激情,看到了他们对孩子们的细心体贴,体会到了他们教学时的严谨态度,这也让我更深入地体会到幼儿教师是一份细腻的工作,是一份需要责任心的工作,是一份充满爱的工作!

我越来越爱孩子们,孩子们午睡时,我会轻轻帮他们盖好被子;孩子们哭了,我会蹲下递上纸巾安慰他们;孩子们吐在了身上,我会毫不犹豫地帮他们擦拭干净;孩子们摔倒了,我会鼓励他自己爬起来。我用爱陪着孩子们，孩子们也用他们的爱回应着我。他们会偷偷给我带礼物，会拉着我的衣角对我说悄悄话，会在我戴着口罩的时候过来关心我。而这些都是我曾经对孩子们说过和做过的。这个时候，我开始渐渐理解了爱心在幼儿教育工作中的重要性。

进编与骤变

带着对孩子们的爱以及对幼师这份工作的热爱，2013年，我参加了"衢州市幼儿园配备男教师五年行动计划"的招编考试。奈何，前三次考试都因为在结构化面试中十分紧张而名落孙山。

幸运的是，在银河幼儿园王园长的帮助下，我慢慢摆脱了紧张忐忑的状态，最终在第四次考试中，我以面试第一名的成绩考入了柯城区编制。时至今日，我仍然十分感谢王园长。

有了编制，我觉得自己的幼教职业生涯正式步入了正轨。我的生活也越来越好，入编两年后，我成了家，又一年，我当上了准爸爸，此时的我憧憬美好的未来生活。可就在这一年，一场突如其来的大病打破了我平静的生活。

这一次，我被迫暂离了幼教岗位，开始和病魔斗争。好在这一年我的生活也不是完全黯淡无光的：儿子的出生、妻子的鼓励以及医生制订的治疗方案又让我重新对生活充满了希望。

年底，我非常幸运地完成了手术。出院时，医生说我这病有复发的可能性，这五年必须注意休息，最好不要工作。为了自己的身体，我听从了医生的建议，可心里却一直记挂着工作，想念着孩子们的笑脸。此刻的我意识到，幼儿教育工作已经成为我生命中不可或缺的一部分。于是术后两年，我在深思熟虑后申请回到了幼教岗位。

回顾与展望

因为身体的缘故，我不再是一线教师，而是来到了后勤岗位，主要负责我们幼儿园的信息技术相关工作、维护我园的公众号及最新活动的推送、配合保健室制订每周食谱。为了让孩子们开开心心上幼儿园，我经常会为他们准备一些惊喜，比如在晨检的时候，我会戴上发光的奥特曼头盔，孩子们来园一进门厅就会兴奋地围着我大喊："看！今天是奥特曼来给我们晨检！"此外，在身体允许的情况下，只要班级需要，我都会主动进班帮忙。我还积极参加了市里举办的各类教学评比及送教活动。

参加幼儿教育工作至今，我也获得了一些奖项，如：征文《我的男幼师之路》获衢州市幼儿园男教师"成长纪事"征文评比二等奖；大班艺术活动"画纸上的交响乐"荣获2021年衢州市柯城区第二届幼儿园男教师教学活动评比二等奖；中班艺术活动"动物大变身"在衢州市柯城区幼儿园教师90学时培训中做公开教学展示并荣获幼儿园男教师教学竞赛评比活动三等奖。

回顾我的幼教之路，有许多同行者都是我从教生涯上的良师益友，我也很荣幸加入了以蒋舜园长为首的幼儿园男教师精英团队，我们经常一起交流执教心得，探索创新，并利用自身优势为幼儿带来积极向上、阳光健康、充满正能量的教育。现在，我可以说，我明白了何为"爱心"，真正领会了幼儿教育"六颗心"的温暖内核。

虽然我没有轰轰烈烈的成就和惊天动地的业绩，但是，我以拥有这份平凡和富有创意的事业而骄傲、自豪。若有一天，我的孩子们从"小萝卜头"成长为了栋梁之材，从幼稚渐渐走向了成熟，偶尔遇见我还能叫出我的名字，那么这就是我作为教师最幸福的时刻。未来，无论在何岗位，我仍会秉承初心，有一份光，发一份热，永远赤诚！

爱我所爱 尽我所能

山东省济南市历下区雁翔幼教集团 张一峰

我是来自"四面荷花三面柳,一城山色半城湖"的泉城济南历下区雁翔幼教集团的一名男教师。因为我的爷爷是高中校长,所以,我从小在教委家属院长大,身边有很多从事一线教育的教师,在这样的生活里,我耳濡目染了教师的品格、智慧与追求。这也让我比同龄人更理解教师与学生的关系,让我更加热爱教师这个职业。我从小就很细心,还有耐心和爱心,特别喜欢跟院里的小朋友在一起玩。填报高考志愿之际,我国正在大力发展学前教育,出于爱好和兴趣,我不假思索地选择了师范教育中的学前教育。

大学期间,我努力学习一些在未来幼儿园工作中能用上的知识与技能。通过自己一步步的努力,在校部担任电教部部长一职,在学校大型会议中承担调音、摄像、视频剪辑等工作。

通过多次校内外的活动,校领导对我欣赏有加,主动派我去湖南省

湘西土家族苗族自治州龙山县支教，这给予了我第一次与小朋友近距离互动的机会！"纸上得来终觉浅，绝知此事要躬行"，我把自己在学校的所学所长全部运用到了工作中，还跟山区里的教师共同探讨与开展教研活动，开设了小朋友都喜欢的健康活动。

　　毕业后，作为优秀毕业生的我被推荐到山东省第二实验幼儿园担任一线教师。在我的认知中，男幼儿教师充满了活力与激情，应该在户外活动中，注重培养孩子们的冒险精神、主动参与意识等，在安全范围内，尽可能鼓励孩子爬高一点，跳远一点，玩疯一点。我也会参与到孩子们的活动中，跟他们一起跑、一起跳。孩子们特别喜欢围绕在我身边。我也通过开展体适能活动为孩子们带来欢乐。

　　我认为孩子，尤其是男孩子，非常需要阳刚之气，作为一名男教师，我敢于带领孩子们去进行更具有挑战性的活动，如攀爬木梯、跳马、打

幼儿园 的 男教师

篮球、踢足球等活动，从而强健孩子们的体魄。在每一次的早操展示中我所在的班级都能获得第一名。

在山东省第二实验幼儿园的三年，我学到了很多，也成熟了很多，它使我顺利考到了历下区的教师编制，从聘任制教师转变为编制内教师。在新的工作岗位中，我主要负责全园幼儿健康活动的教学，让小朋友在健康活动中有激情、有拼劲、有力量、有健康的体魄！引导幼儿健康、阳光、愉悦地成长！我也立志于让自己成为孩子们的勇气向标。

做人以真，待人以善，示人以美，我会永远保持一颗童心，做孩子们的好朋友。

"男"上加难？其实不难

浙江省宁波市北仑区仙荷幼儿园　郁文浩

2012年9月，我在填报志愿的时候选择了学前教育专业。每当别人知道我的专业时，他们都会露出一副难以置信的表情，我也时常会听到一些质疑的声音，但我并没有后悔自己的选择，因为热爱，所以喜欢。从选择这个专业开始，我就在各方面不断要求自己。在学校时，我加入了舞蹈团、器乐团、朗诵队，经过五年的学习，我具备了一定的专业能力。在毕业之际，我也荣获了国家励志奖学金、省优秀毕业生、校一等奖学金和校优秀毕业生等荣誉。

2017年毕业之际，当时的我面临着一个重要的抉择，即选择考编还是专升本进入大学继续钻研两年。深思熟虑后，我还是决定赶"早班车"，趁着学前教育专业毕业生还不多抓紧考编。于是我便一头扎进了图书馆，随后顺利通过了两个地区的笔试，进入到面试环节，但由于自己对面试掉以轻心，错失了2017年考上编制的机会。考编失败后的我十分失落，但在家人与朋友们的鼓励与支持下，我又重拾信心，通过一年的工作实践和理论学习，终于在2018年5月成功考入事业编制。

我喜欢做一名幼儿教师，因为和孩子在一起是一件快乐的事。自参加工作以来，我坚守爱的初心，以爱育人、以情动人，爱孩子所爱，乐孩子所乐，想孩子所想，关心孩子的需求，关爱和欣赏每一个孩子，点亮孩子们的星辰大海，让孩子们在爱和希望中健康快乐地成长。

一、处境不难——改变刻板印象

考入编制后，我成了流动代班老师。在我的职业生涯当中，前两年虽然积累了一些工作经验，和孩子们也能"打"成一片，但和家长接触太少，因此，当我真正接手班级工作时，内心充满了忐忑。当家长们知道班级里有个男老师时，都是又惊又喜，虽然他们并没有说出心中的顾虑，但我想他们在面对年轻男老师时，多少还是有点不太放心，于是，我暗下决心，要让家长们看到我的专业能力。

班里有一位小男孩分离焦虑比较严重。一天，他还没进园门就开始哭闹。我刚送几个孩子进入班级，出来就看见了这场景。我走到孩子身边蹲下，边拿出遥控器让孩子操控边说："猜猜汽车会从哪里开出来？"孩子立刻停止哭闹，好奇地摆弄起手中的遥控器。过了一会儿，一辆迷你小赛车就开到了孩子眼前。"我们把小汽车拿去更大的地方玩，好吗？"他同意了，并和我一同走进了幼儿园。之后，每天我都热情地和他拥抱，亲切地拉着他走遍幼儿园的角落，和他聊聊家里的爸爸妈妈，在拉近距离的同时还可以安抚他的情绪。

每天放学时，家长们走进教室都会看见孩子们在开心地游戏，我也会利用接送时间和个别家长进行沟通。通过一个月频繁的家园互动，以及主班教师王老师的帮助，家长们都对我非常认可。于是，在第二个学期我成了主班教师，王老师依然会在背后默默给予帮助，在我需要的时候献出"锦囊妙计"，现在的我和家长沟通时已经不再胆怯忐忑，更多了份自信自如。当家长在家庭育儿方面遇到困惑时，我总能用专业的教育理念与方法给家长提供适当的建议，指导他们做好育儿工作。我在工作上的细心和耐心，也深深感染着每一位家长。这些年，从最开始的家长质疑到现在的热情欢迎，我真切体会到作为男教师在幼儿园受到越来越多家长的喜欢与认可是多么值得骄傲的事情。

二、努力不难——勇敢迈出第一步

很多人都知道幼师多才多艺，唱歌、跳舞、弹钢琴样样都会，但大家不知道的是除了这些基本的专业能力之外，教科研能力对我们来说也十分重要。

2018年刚来幼儿园时，我决定撰写一篇论文投稿。我先在网上搜索了大量的文献资料，根据他们的思路列举出提纲后再填充具体内容。但由于缺少教育实践部分的内容，写出来的论文更像是一篇毕业论文。之后，我有幸成了名师的徒弟，在他的指导下，我学到了很多宝贵的撰写经验，所写的论文也荣获了市一等奖和市二等奖。

2019年12月的全区男教师研讨活动上，我第一次上公开展示课。在报名参加这次研讨活动后，我和幼儿园的领导小组便开始商讨教学内容，最后我们决定展示一节大班音乐活动。一次次的磨课，一次次的改动，我一直试教到自己能够轻松应对各种情况。那是我第一次在那么多同行面前展示自己。万事开头难，迈出了第一步，之后的每一步都会走得更加坚定。在幼儿园"智囊团"的帮助下，我还参加了区里的青年教师教学能力竞赛，其中包含了说课和技能展示。

我和三位老师一同作为北仑区幼儿教师代表参加了市里的竞赛，我也不负重托获得了市一等奖的成绩，给自己的努力交上了一份满意的答卷。同时我还荣获了北仑区优秀学前教育工作者荣誉称号。

三、幸福不难——做永远长不大的男孩

不是所有人都可以做自己喜欢的工作。大部分人会因为工作的机械乏味、重复繁琐而失去对眼前这份工作的热爱，因此寻找职业幸福感就

幼儿园的男教师

显得尤为重要。工作至今，每当我提及自己是幼师时，听到最多的声音便是"幼儿园老师好啊！幼儿园轻松"，在大家的眼中，幼师只需要管好孩子，还有法定节假日和寒暑假。但作为幼师的我们深知，幼儿园日常工作繁琐重复，如果不努力去寻找工作的乐趣，那么你将永远无法理解作为幼师的快乐。

和孩子游戏需要一颗童心，教师要放下成人的身段，投入到幼儿的游戏当中，这样才会让孩子们感受到你的真诚和有趣。天性爱玩的我经常以游戏者的身份加入活动，变成他们的玩伴。2022年6月我带的第一届幼儿毕业了，为了让孩子们在幼儿园留下独特且美好的毕业记忆，我们组织了一场水枪大战。一大早每个孩子都带上了自己的泳衣和最喜欢的装备来到幼儿园。老师们也搭建了一个巨大的蓄水池，以便孩子们蓄水打仗。在他们游戏的过程中，我穿上雨衣，举起雨伞，拿起水枪便加入了进来，这一刻的我与他们不像是师生，更像是伙伴。

如果你问我，现在的我工作幸福吗？我会诚恳地告诉你："我很幸福。"这种幸福不是源于荣誉，也不是贪图寒暑假的轻松，而是因为工作中整天围绕在我身旁的孩子们让我感觉回到了童年。"出走半生，归来仍是少年"，作为幼儿园男教师，除了要有爱心、耐心和责任心之外，还必须保留一颗童心，这样才能更好地走进孩子的世界，才能获得职业幸福感。

四、坚守不难——初衷不改，情怀依旧

从步入工作起，我就有了简单的职业规划。但说来惭愧，在第一年没有考入编制时，我有过放弃的念头，虽说第二年进了编制，在流动代班的过程中却仍然常常手足无措。也许大部分的人都会在自己的工作中有这么一个阶段，但请记住你的初衷。现在即使很多人还是不认可幼儿园男教师的前途，身边也有着很多幼儿园男教师跳槽成功的案例，但这都不是让我动摇的理由。

工作以来，在领导和同事眼中的我是个"多面手"，制作PPT、摄影、剪辑、修理电子设备都不在话下，也负责过大型环境布置和活动策划，现担任年级组长一职。我在工作中虚心请教前辈，不留余力地付出。

我爱每一个孩子，他们的那份纯真让我可以卸下一切的防备和伪装，轻松地做回自己。在之后的人生道路上，我将坚守初心，誓把最美好的青春投入到滚滚发展的幼教事业中去，做一片绿叶、一丝春风、一缕阳光，把温暖和爱带给最可爱的孩子们！我也不会被任何人定义，因为终有一天他们会看到幼儿园男教师的无限价值！

拂云百丈青松柯，纵使秋风无奈何

浙江省杭州市萧山区金惠幼儿园　张灏铭

初心如磐石，奋楫当笃行。二十出头的我意气风发地背上行囊，从白山黑水的东北来到四季分明的江南从事幼教工作。初入职场的我对未来充满无限幻想。"人生百年，立于幼学。"我深知，在教育这条路上最有价值的东西需要用心才能发现。

一、初出茅庐

2021年8月，我带着满腔热血和对未来的憧憬来到了让我向往已久的地方——杭州。八月的杭州"热情似火"，我找好了落脚地后站在阳台上望着这个陌生的城市，想起了上学时老师讲过的话"一定要走出去，去学习，去收获"。

六年的学前教育专业学习让我对幼儿园教师这一职业有了一定的了

解。初入职场的我对一切都充满好奇，看着漂亮的幼儿园心里不禁感叹能在这样的环境中工作也是一种幸福，但同时我也有些焦虑，担心工作中自己的能力不足。

入园工作后，我成了大班的配班老师。第一次走进活动室时，我的心里既忐忑又欣喜，即使已经在心里彩排了无数次与小朋友们第一次见面的场景，但第一次和孩子们近距离接触还是有些不知所措。就这样我迎来了职业生涯中的第一届小朋友。

二、砥砺深耕

（一）教育教学与我

刚开学时，我弯着腰和孩子们讲话，他们有的会摸摸我的脸，有的会牵住我的手，我知道他们是喜欢我的。我还记得自己第一次上课时，虽然熟读《指南》，精通《纲要》，但在实践中我依旧是一只"菜鸟"。第一节美术课我上了五十分钟，孩子们有些躁动不安，也影响了后面的生活活动。课后园长笑着跟我讲了好多好多，那时我意识到教育教学之路任重道远，幼儿教师的工作不仅仅是陪孩子生活和学习这么简单。此后，我便经常去找有经验的教师请教，不断实践调整，不断学习提升。

工作了半个学期，我发现自己好像无法真正融入孩子们的生活，有一面透明的墙挡在了我和孩子之间。我知道想要冲破这层高墙唯一的办法就是调整自己的心态。记得有一天，我在帮助一位小朋友整理衣服的时候，由于我太高，弯着腰又不舒服，于是我便蹲下来给他整理，刚巧这一幕被园长妈妈用照片记录了下来。也正是这张照片让我冲破了和孩子们之间一直存在的这层高墙。蹲下来平视孩子，倾听孩子想法，用孩子的视角看世界。那次以后我便习惯蹲下来和孩子们一起玩，一起聊天。小溪最喜欢一边抱我一边用小手戳戳我的脸，自言自语地说："张爸爸的脸比我的脸还软！"涛涛最喜欢我把他抱起来转一圈，孩子们也每天排着队玩"举高高"的游戏，隔壁班级的老师经常开玩笑说："举高高这个游戏是张老师的专属。"慢慢的，孩子们想说什么，有什么心事，我都是第一个知道的。在后来的教学活动中,我都能够及时捕捉到孩子们感兴趣或有疑问的地方,并进行回应与追问。我渐渐地感受到了来自小朋友的力量,这种力量是治愈我焦虑心情的良药,是我热情工作的力量源泉。

(二)一日生活与我

陈鹤琴曾说"一日生活皆课程",开展好一日生活是我们工作的重中之重。记得有一次因为梳头发的问题,我和班级里的另一位老师发生了一点不愉快,我觉得自己是个大男生,不会梳头发很正常,所以也不想尝试学习。但看着刚刚睡醒的小宝拿着皮筋满怀期待地来找我:"张老师,请帮我梳下头发吧!"我竟一时间不知道要怎么拒绝。于是我学着其他老师的样子,帮小宝梳了一个并不平整的马尾辫。后来小宝妈妈告诉我,晚上睡觉的时候小宝都不想拆掉那个辫子,因为那是她最喜欢的张老师帮她梳的。

知是行之始,行是知之成,不开始就永远都不会成功,现在的我已经可以很轻松地给小朋友梳头发了。慢慢地,我还发现细致和细心并不是女老师的专属品质,男老师一样可以做到很细致、很细心。在一日生活中,孩子们在吃饭后会拿起吃干净的碗跟我炫耀,在听到故事后会主动跟我分享,在放学时会和我一起走在直直的地板线上,在嘻嘻哈哈的欢笑声中我们度过了一天又一天。现在回想起来那就是职业幸福感吧。

(三)环境创设与我

工作之初,我所经历的环境创设就是单纯的打造班级环境,教师疯狂"输出",小朋友疯狂"生产"。这样做的后果就是老师累,小朋友也累。对此,我专门看了一些书,找了一些资料,我发现环境创设非常重要,因为做环境就是做课程,好的环境是助推幼儿成长的关键因素。

在"我的自画像"教学活动开始前,我带领孩子们在镜子前仔细观察自己,并引导他们说说自己的面部特征。之后,孩子们在创作的过程中认真极了,画的自画像都很像自己,既可爱又形象。这时我便意识到,环境创设绝不是为了美观或完成任务,而是为了课程实践。我尝试着将小朋友的作品以能够互动的方式呈现在墙面上。这次展示的效果很好，小朋友都很喜欢站在墙边欣赏作品，进行讨论，他们在互动中学习，在学习中成长。

通过一点点的积累与实践，我在开展主题之前都会做一张调查表，让小朋友根据调查表的内容进行表征，随后，我会对调查表的内容进行总结和分析，找到小朋友的兴趣点和需要提升的地方，由此生发出活动，结合幼儿感兴趣的活动创设的环境才是小朋友喜欢并需要的环境。

（四）家园共育与我

男老师在幼儿园中比较少，总是会引起很多家长的注意。有的家长说："真好呀，幼儿园终于有男老师了。"也有的家长说："男老师能照顾好小孩子吗？"对于家长们的评价，我一直都客观对待。我也知道家长工作是我们幼儿园教师工作的重要部分，如何跟家长沟通、沟通中要掌握哪些技巧都是需要我认真钻研并思考的。由于我的性格比较开朗、外向，家长们都很愿意跟我沟通，并且对我很信任。都说老师是连通家长和园所的桥梁，那么小朋友便是连通老师和家长的桥梁，家长可以通过小朋友的言行举止看到老师的言行举止，所以幼儿教师只要将心用在小朋友身上，家长自然会看得见。

三、笃定前行

（一）科研与我

2022年8月，当时的我已经工作满一年了，虽说工作时间不长，但是也遇到了很多困惑和难题，它们最后都成了我做科研的素材。记得有一位培训专家说过"教师一定要带着研究的视角来观察幼儿的行为"。想想确实是这样，研究是为了更好地解决问题，那么教师就要带着敏锐的科研视角发现生活中的问题，并以研究的视角来观察幼儿的行为。科研是一所幼儿园获得更好发展的基础，作为研究生，我发现幼儿园的科研活动与读研期间所做的科研活动是不同的，幼儿园中的科研活动的宗旨是为教育一线中存在的问题提供解决策略，并且研究要融入幼儿的一日生活中。例如,我会在幼儿进区牌旁边放置一张表格,通过表格对孩子们选区的情况进行记录和分析,同时,我也会引导孩子们观察表格、了解表格中所统计的内容,让孩子们清楚地知道自己一周内的游戏情况,潜移默化地让孩子们积累关于统计与分析的生活经验。此外,这个表格还是我了解本班幼儿喜好和兴趣的重要依据。

(二)定向运动与我

工作一年后,我通过体能测查,以及平日的观察与调查发现,我园大部分幼儿缺少针对性的体育锻炼,所以我决定从健康活动入手,发挥自身优势,提升我园幼儿的体能水平。当时,我接触到了定向运动,并认为这是一个很好的运动载体,于是,我以定向运动为载体融入五大领域的目标,提高了幼儿对体能游戏的兴趣。在定向游戏中,孩子们学会了合作,能尝试解决问题,在游戏中突破自我。我希望在孩子们幼小的心灵中种下一颗"坚韧"的种子,每当他们遇到困难想要退却时,心中的种子能让他们充满力量,勇往直前。

未来,我会继续发挥自身优势,以研究的视角去观察儿童,认真钻研。我心之所向,无问西东,为到达理想的彼岸,我必守住本心,风雨兼程,一往无前。

越努力越幸运

——一位男教师的故事

浙江工业大学幼儿园　张鑫

我叫张鑫，是2017年入职浙江工业大学幼儿园的一名专职体育教师。其实我很早以前是没有想着当老师的，当时体校毕业后，我考上了杭州师范大学。

大学期间，我便自己在外兼职。大一兼职时，我开始接触学前到小学年龄段的孩子，后来我发现自己慢慢喜欢上儿童教育相关的工作了。毕业后，我应聘了小学体育教师，由于专业原因，接二连三碰壁。后来辅导员问我有没有兴趣参加幼儿园体育教师的面试，我同意了，就这样我顺利通过面试，进入了工大幼儿园，成了一名幼儿园男老师。

教学初期：从"小学化"到"幼儿化"

刚开始上课时，我用的还是校外培训机构的那套教法，对"游戏化"的理解甚少。我第一次上公开课时，还对着中班的小朋友喊出了"向右看齐向前看"的口令，当时很多老师都笑了。活动结束后，园长卢老师点评了我的课，肯定了我的一些教法，当时给了我很大的鼓励。后来，我在上体育课时，慢慢学会了以幼儿能接受的方式去教学，教学语言也慢慢变得儿童化了，和孩子的互动也逐渐自如了起来。就这样，我度过了入职的适应期。

新的挑战：从"经验化"到"专业化"

作为专职的幼儿园体育教师，我总是在不断思考更好的教学方法，希望能给孩子们带来有趣又有价值的体育活动。随着教学经验的积累，我开始逐渐掌握幼儿园教学的常规方法，但对课程目标和幼儿发展仍缺乏深度思考。后来，我的教学思路在幼儿园的"健康坊"团队影响下慢慢有了变化。

"健康坊"是幼儿园为了提升男教师的教学水平专门成立的教学研究小组，是一个很有魅力、富有研究精神的团体。在"健康坊"团队的帮助下，我开始学习系统设计教育目标和教学流程，并逐渐形成了围绕某一个器械及所发展的运动核心经验展开"递进式"教学的课程体系。在"健康坊"团队的打磨下，我的教学能力突飞猛进，并于2019年上半年在厚爱课程园本培训中被评为优秀学员，执教的体育活动分别在2019年厚爱课程研讨展示中获得一等奖、2020年上半年集团厚爱课程研讨展示中获得一等奖、2020年下半年集团厚爱课程研讨展示中获得一等奖！此外，我执教的"地铁侠"在区级短期培训中进行了公开展示，并到兰溪市进行了送教下乡；执教的"打倒小怪兽"还获得了2021年拱墅区"新苗杯"赛课评比三等奖的成绩，并被顺利评为拱墅区教坛新秀！

新的成长：认识孩子，关注孩子

我越来越喜欢这些孩子，对他们的关注度也逐渐提高。在平时的带班中，我会像大哥哥一样去对待每一个孩子，空闲时间还会去班级里转一转，观察他们的表现，了解他们的性格特点，特别是体育活动中经常"吵闹"的幼儿的表现。之后，我会再去反思体育课上要如何进行有效的引导，进而改进提问和回应的方式。每次轮到我开展活动时，孩子们都会高兴得不得了。我在安排体育活动时尽量会让活动内容不重复，并会在课前做好充分的准备，课中观察幼儿运动状况，课后及时进行有效评价，努力把快乐和健康带给孩子。

新的收获：考上编制，成功上岸

2022年，我考上了单位的编制。考编对于我这个职高毕业的人来说充满了挑战，但机会来了总得努力把握，不能不努力就放弃了。我一边工作一边备考。成功进面试后，我找考过编的老教师讨教方法，了解面试类型和结构，再去网上查阅大量资料学习答题技巧，最后找人模拟面试……就这样，我终于如愿以偿地考上了编制！我现在越来越相信这样一句话：你努力不一定会成功，但你不努力就一定会失败！在这里我也非常感谢幼儿园的领导和所有帮助过我的人，是你们让我拥有自信，一步步获得成长！

一路走来，我深刻感受到：越努力就越幸运，男教师在幼儿园这块教育土壤上是大有可为的。在今后的工作中，我会珍惜幼儿园给我的锻炼机会，继续努力提升自身的业务能力和专业水平，勤于实践，敢于突破，不断反思，钻研教学，努力做孩子们的良师益友，引导孩子们在运动中快乐学习、健康成长。

让好玩的科学陪伴孩子成长

浙江省杭州市拱墅区蓓蕾幼儿园　章孙龙

我叫章孙龙，是2014届浙江师范大学学前教育专业的本科毕业生，在校期间，我的学习成绩优良，曾担任学院学生会副主席一职。毕业后，我选择在幼儿教育这一片沃土上开启自己的职业生涯。这些年，我始终以认真踏实、积极创新、科学严谨的态度工作和学习，和孩子一同成长……

玩科学，成为孩子的童年玩伴

进入蓓蕾幼儿园工作后，我被"玩科学"课程理念所吸引，希望可以和孩子们一起做有趣的实验、制作好玩的玩具，感受科学的独特魅力，进一步发现和理解"孩子的科学"所具有的独特性。

我非常感谢初入职场遇到的金环园长和三位带领我的师傅，他们让我更好地了解了不同年龄阶段孩子的特点,也让我把"玩科学"理念牢记心中,成为更好的陪伴者。在"光影世界"游戏里,我和孩子们一起寻找各种各样的游戏材料,自制三只小猪光影剧场的道具;在"做辆小车玩一玩"活动中,我和孩子们一起利用纸盒做小车,并尝试通过电子积木来制作会发光、有响声的自动前进小车……我能从孩子们游戏时的笑脸上感受到他们的满足,也能从他们每一次的提问中感受到他们的思考。

玩科学,扎根教学促成长

作为一名教师,我认为教学实践是专业能力的重要组成部分,因此,我会结合园本特色,通过挑战经典科学活动、主题下教学活动设计与实施、原创性活动设计等不同层次的实践活动来提升自己的教学能力,走上属于自己的专业成长之路。

我也多次在省区市研训活动中进行公开课展示,并到贵州黄平、宁波奉化、丽水青田、金华武义等地进行送教活动。我所执教的大班科学活动"旋转的蝴蝶"在"2017年全国幼儿园男教师专业发展学术研讨会"科学领域分会场中进行教学展示。我也多次参加浙江省教育厅"百人千场"名师送教下乡活动,对原创性科学活动"磁铁的秘密""隐身专家"进行了展示。在教学比武方面,我也先后获得拱墅区第九届运河赛课节"新秀杯"评比一等奖、2020年拱墅区幼儿园优秀教学活动网络评比一等奖、2020年杭州市幼儿园优秀教学活动评比一等奖等佳绩。

玩科学,科研探索促反思

要成为一名专业的幼儿教师,我认为不能只有实践,更要有实践前的计划,实践后的反思总结。近年来我一直以科学启蒙教育为研究方向,并积极学习STEM教育、自然教育、思维可视化等理论,不断拓展自己的科研视野。

作为园所教科室主任,我先后协助园长完成了3个省市教育科研规划课题,取得了浙江省教育科研成果评比二等奖和杭州市科研成果一等奖。同时,我也独立主持完成了浙江省教师教育科研课题《幼儿STEM学

习中的师幼互动支架策略研究》并获浙江省二等奖,撰写的多篇论文、案例获奖,至今已获得区一等奖3篇、二等奖5篇,市二等奖2篇、三等奖1篇。我还在《杭州教育技术》杂志公开发表了智慧教育论文1篇,并参与了《幼儿园男教师专业发展促进研究》《玩科学:基于幼儿园科学启蒙教育的蓓蕾范式》《蓓蕾"玩科学"课程》等书籍的编写。此外,我也指导了园内教师的科研活动,助力多名老师在区论文评比中获奖。

在陪伴中发现,在教学中思考,在研究中奋进!经过多年的学习与积累,我获得了拱墅区第三届"运河学科带头人"、2022年拱墅区"百名运河教育标兵"、杭州市教坛新秀等荣誉称号。作为一名幼儿教育的研究者与实践者,我会扎根一线,收集最真实的信息,从中展开自己的思考与分析,只有这样才能在幼教之路上不断前进,并有所收获。

幼儿园男教师的故事

浙江省杭州市景成实验幼儿园　郑一鸣

一、缘分，让我来到这里

在各种机缘巧合之下，我进入了学前教育领域，并得以在这里绽放光彩。

因为我一心想成为教师，高考结束后，我填报的专业都是教育类专业，"学前教育"专业便是在此时进入我的视线的。在与家人分析与商讨后，我在志愿填报中加上了这个专业，这为我后来去幼儿园为小朋友们打造幸福快乐的童年打下了基础。

二、触碰，让我沉浸其中

初入大学，钢琴、舞蹈、美术等陌生的课程让我有些始料不及。但既来之，则安之，经过不断的摸索，渐渐地我开始乐在其中，这些课程好像磨炼着我的心性，让我变得细腻了起来。一次次的幼儿园见习与实习活

幼儿园的男教师

动让我遇见了各种各样有趣的孩子，他们有的天真活泼，有的乖巧安静，有的可爱甜美，他们用最稚嫩的声音说着最纯真的话语，和这些孩子们在一起心灵仿佛得到了净化，这样的环境和氛围也让我愈发地憧憬自己真正成为一名幼儿园教师的那天。

大四毕业之际，我和几位同学一起编排了儿童歌舞剧《奇遇暖暖》。剧本的想象和创编、与剧情相呼应的歌曲创作、充满舞台效果的道具制作……我们努力将在大学所学的专业知识运用其中，我也从中理解了幼儿教育原来可以这样丰富精彩。

三、热爱，让我勇往直前

如今在杭州市景成实验幼儿园工作了一年多，我很庆幸自己能够坚定初心，成为一名教师。作为新时代的幼儿园男教师，我从进入幼儿园开始，就向各位老教师学习并探究教育教学方法，关注幼儿教育发展动态，不断更新自己的教育观念，努力汲取各方面的新知识、新思想和新观念，

争取让自己的专业知识更加精深，跟上时代的脚步。在教学过程中，我始终以幼儿为中心，尊重幼儿的性格和特点，结合幼儿已有发展水平来抓住日常生活中的教育契机，帮助幼儿全面发展。

我也有幸陪伴着孩子们参加了拱墅区中小幼科技节的比赛，和他们一同了解党的光辉历程，动手用创意玩教具拼搭出党的光辉历程，用一件件作品庆祝中华人民共和国的诞生。在"初遇儿童哲学，聆听儿童心声"的儿童哲学研讨会中，我也精心准备了哲思活动"大脚丫跳芭蕾"，并向高振宇教授进行了详细的介绍，还提出了自己的困惑，高教授也对我进行了评价并给予细心的指点。此外，我还和老师们在研讨会中一同探讨了关于儿童哲学的诸多问题。

四、坚持，让我不断前行

作为一名新教师，我还有着许多需要学习的地方，我会发挥自己的特点，用阳刚之气引领幼儿获得多方面发展。未来还很长，我也会坚持不懈地提升自己的教学能力和科研能力，拓展专业领域知识，砥砺前行。

与水墨结缘，与工大结缘

浙江工业大学幼儿园　朱慧

我与浙江工业大学幼儿园的邂逅缘起于2012年的秋天。当时刚从中国美院毕业不久的我，一直在培训机构从事国画教学，而浙江工业大学幼儿园刚好有国画教学的传统，机缘巧合下，我便和幼儿园孩子们一起开启了国画之旅。

在艺术坊内积累蜕变

迈进幼儿园后，我方知幼儿水墨教学看起来很美，做起来却不易。5—6岁的孩子刚刚能拿稳笔，要将国画的用笔、用墨技巧和孩子的发展水平相结合，让孩子们饶有兴趣地学习，这可不是简单的事情。对此，我只能凭着直觉摸索，一边实践一边思考怎样将专业性强、绘画技巧难度大的国画教得易懂易学。

所幸，幼儿园为我量身打造了"艺术教育工作坊"，每月由骨干老师组成精英团队进行国画艺术研讨，这里成了我引领幼儿走进传统水墨世界的场所。在工作坊的执教和教研中，我逐渐明白了，孩子们的世界是充满幻想的，孩子的思维具有直观形象的特点，我学着用形象的语言跟小朋友进行交流，编制有趣的儿歌帮助幼儿了解国画的工具，并在日常教学活动中增加"彩墨游戏""有趣的墨点""神奇的墨线"等涂鸦活动，让幼儿在游戏中感受国画基本的用笔、用墨、用色特点，领略国画特有的水墨韵味，进而引发幼儿对国画学习的兴趣和热情。

在国画教学中，我还尝试运用创意美术的载体，让幼儿接触更多的艺术表现方式，如以泼墨的方式玩神秘的黑白世界；利用海绵拓印屋顶，再以水墨勾勒出房子的墙、瓦，创造孩子们心中独特的江南水乡；采用撕纸粘贴的方式让孩子们撕贴运动小人，并添画水墨韵味的运动器械和场地……幼儿在多元的创造活动中感受水墨艺术。我也逐渐积累和拓展了幼儿水墨画的题材和内容，不断推陈出新，展示了精品课公开课《水墨江南》《跳舞的藤蔓》《神奇的线条》等，每一次创新和尝试都获得了非常好的艺术效果。

在对话中倾听与理解儿童

绘画是孩子们表达自己内心世界的独特手段，从孩子们的水墨作品中你能发现他们有趣的内心世界。每当幼儿跟我分享他们的作品时，我都感觉很开心、很幸福。孩子们都喜欢和我说他们画的内容，他们介绍的内容都很有想象力，让人忍俊不禁。同样的一段神奇线条，有的孩子会饶有兴趣地指出线条里藏着大嘴巴鲸鱼，有的孩子会把线条想象成一头喷水的长鼻子大象，还有的会把线条添画成一只跳舞的小猴子……孩子的想象力和童心真的让人惊叹。

和孩子成为朋友，多倾听，多回应，他们会给我们带来许多惊喜和感动。记得有一次开展美术绘画活动，一个大班小朋友怯怯地问我："朱老师，我想画什么就能画什么吗？""当然可以呀。"她想了会儿说要画一只狐狸，没多久一只红色的狐狸便跃然纸上了。我凑过去道："一只狐狸显得孤单了点，或许你可以再添画些什么。""那我再画点葡萄，我听过狐狸与葡萄的故事，"小女孩乐呵呵地提起笔，"咦，没有紫色颜料了……"这时，另一位小女孩说："你可以用曙红和花青调出紫色，但是要注意量哦，要一样多。"我吃惊地赞许道："你好厉害呀！""都是朱老师你平时国画课上讲的呀。"原来，日常教学中我的每一句话都被小朋友们听进去了。和孩子对话能让我洞察他们心中所想，以及他们的成长与进步。

我平时爱好看动漫，也经常和小朋友讨论他们喜欢的动画片，这让我俘获了众多"崇拜者"。我觉得幼儿教师要保持一颗童心，和孩子对话，这样才能走进他们纯真的内心世界。

在实践中拓展自我潜能

我的个性算不上活泼外向，但这几年幼儿园给了我很多机会在各个平台展现自己。记得2019年5月，我跟随幼儿园支教团队前往甘肃苦水岔进行支教。这是一次难忘的经历！在创意美术课上，我教孩子画狮子，为画出狮吼的状态，要将嘴巴和狮子脑袋画得大大的。我努力想引导孩子去发现这个特点，或许是因为不熟，孩子们比较胆怯，课堂的氛围和反应一般。我暗暗着急，因为太想让孩子们投入其中，我本能地学起了狮子吼，还举起双手做出夸张的虎爪状。大概是被我的样子给逗乐了，我看到孩子们脸上有了笑容，渐渐地也有孩子举手回答了起来："狮子的叫喊很可怕。""狮子的吼声应该很威风。""嘴巴张得大大的像是要把所有的一切都吞下去一样。"孩子们打开了话匣之后，课也就很顺利地进行了下去，最后孩子们也画出了心目中威武的狮子。经过这一次送教，我克服了授课时容易羞涩的情绪，在课堂上变得更加大胆、收放自如了。

经过一次又一次的公开课的练习，现在我在教学上已较为老练了，无论是面向全园家长的开放日观摩，还是面向全区的短培公开课展示，我都能从容不迫，镇定自若。

在综合岗位上发挥力量

除了教学以外，我在幼儿园还要承担不少综合工作，例如摄影摄像、后勤保障、门岗值班等。作为幼儿园的一分子，我会以饱满的热情、积极的态度投入到各项事务中。在一些大型活动的后勤工作中,我总是当仁不让,充当主力军,充分彰显了"我是一块砖,哪里需要往哪里搬"的奉献精神,特别是疫情这几年,小到核酸检测登记,大到抗疫物资的运送,我都积极参与。每当需要布置幼儿园大环境时,作为美术老师,我会和宣传组的老师一起出谋划策,发挥特长,从规划场地位置,到手绘一幅幅美术作品,再到悬挂和摆放材料,我们时常是加班加点,投入其中,希望打造出令孩子们喜欢、适宜孩子们成长的审美环境……勤奋上进的工作态度让我多次被推荐为浙工大容大后勤集团"先进工作者"。

在耕耘中收获幸福

国画特色教学已成为浙江工业大学幼儿园的一道亮丽的风景线。我也由一名美院毕业的青涩学生成长为一名合格的国画教师,并获得了些许成绩。我在2017年下城区(今属拱墅区)幼儿园魅力男教师风采"展现阳刚之美,点亮幸福童年"展示活动中荣获最具活力奖;在幼儿园厚爱课程教学比武中展示了国画这一传统文化带给小朋友的艺术浸润,且连续

三年获得一等奖；在2017"金螺号杯"下城区青少年儿童书画大赛中指导的幼儿作品获得"美丽的家乡"主题中国画奖项；《跳舞的藤蔓》《江南水乡》《梯田》对外进行教学展示的国画特色课程，获得了评委和专家的好评；每年参与策划的幼儿园"童稚墨趣"国画展得到了家长们的一致好评；在幼儿园的栽培下，我也获得了下城区教坛新秀、下城区优秀教师等荣誉称号。

最让我高兴的事情就是毕业的孩子回到幼儿园来看我，告诉我他上小学了还在坚持画国画，这让我感受到我的工作非常有价值！

孩子就是未来，和孩子在一起的每一天都让我非常快乐。幼儿教育没有止境，我希望每一位孩子都能喜欢上艺术，喜欢上国画，享受在幼儿园的每一天！

热忱从教趁年华

——一名男幼儿教师和农村教育的共同蜕变

浙江省温州市乐清万代好幼儿园　朱柯隆

> 一方净土育桃李，
> 三尺"舞台"铸栋梁。
> 多年光阴助改革，
> 砥砺前行获幸福。

时光如白驹过隙，回顾从教时光，我在教育改革的洪流中不断提升着自身的职业素养。从最初的手足无措到后来胸有成竹地进行班级管理乃至参与到幼儿园管理工作之中，我收获了太多。令我骄傲的是，农村教育环境的改善；令我兴奋的是，教育改革历程推进之迅速；令我感到幸福的是，为人师者，在教育改革的背景下，在对农村学前教育工作日渐深沉的情怀沉淀中，我的教育水平与能力得到了提升。

幼儿园的男教师

初登"舞台"：面对幼儿哭泣束手无策

我从大学毕业的第二年，幸运地成了一名专职幼儿教师。刚走上工作岗位的时候，周边都是女同事，作为男同志的我会有些局促感，后来，同事的热情与彼此间的时常沟通让我逐步和同事熟络了起来。刚参加工作的我深知自己接触的是一些刚刚进入集体生活的小朋友，他们会出现不适应集体生活、性格孤僻、以自我为中心、缺乏倾听习惯、交际能力不足等问题，而当时的我面对这些问题却束手无措。

我依稀记得，在入职的第一天，一位老教师对我说："上好课，就是教师最为崇高的师德。"回忆刚入职的那个秋天，我带的是小班的孩子，这些小家伙的确给我的职业生涯带来了挑战。在开学第一天，他们此起彼伏的哭声在幼儿园中响起，响彻在幼儿园的任何地方。作为一名新教师，我当时先尝试跟他们讲道理，但是等我宣讲完之后，我发现很难奏效。我只能拿出一些玩具哄他们，并给他们讲讲笑话。现在想想，倘若那时候我有如同现在的我所拥有的丰富的、适合幼儿心理发展规律的保教举措，那么让孩子们迅速摆脱入园焦虑，也许就不是什么困难的事情了。

厚积薄发：以学习与实践提升自我

随着现代化教育理念在学前教育领域中的渗透，我逐渐摆脱了初入职场时的茫然，并意识到自己的教育知识与技能需要不断提升，因此，我不断参与大大小小的培训，让自己的教育理论知识更加扎实。我在工作中更加刻苦，对自己的要求也更加严格，同时，我也保持了较为开放的心态，和孩子们打成一片。

记得在一次自主游戏的时候，强强小朋友在"小超市"的游戏区域边犹豫。我发现后便走上前去，对他说："强强小朋友，能不能告诉老师你想玩什么游戏呢？"强强边摇头边对我说："老师，我不知道去哪里玩比较好。"我接着问他："那你看看旁边，你觉得小超市里可以玩什么呢？""今天的小超市里没有导购员，我可以帮小超市卖东西吗？""可以呀！"强强听了后，坚定地走进了小超市的游戏区域。

为了保证孩子们游戏的丰富性，我问强强："那你想不想帮助老板招揽一些客人呀？"就这样，强强在我的引导下，走向娃娃家区域，对小伙伴们说："玩娃娃家的小朋友们，你们想去小超市玩吗？今天小超市里打折优惠哦！"凯凯对强强说："好呀！我去，我去！"平时那些喜欢光顾小超市的孩子也相继响应强强的号召。就这样，小超市游戏开展得更加丰富多样了。

我在工作中广泛实践，严格要求自我，先后获得了一些荣誉，这为我从事教育行业、助力幼儿成长打了一针强心剂。

2020年的夏天，我在畲乡支教了30天，从刚来的不适、不安和忐忑，到后来的不舍、开心与难忘，我的收获远不只教学实践水平的提升。

我来到的乡村幼儿园中的很多孩子的父母常年不在身边，他们大多都跟祖父母一起生活。孩子们在大山里成长，心灵上都有一份对爱的渴望，他们缺少关注，也需要被关注。了解到很多留守儿童的故事后，我更加明确了作为教师应该给予孩子更多的关爱与鼓励。

在开展的第一次"教研活动"中，我了解了该园的办园目标、宗旨，认识了一些需要特殊关注的留守儿童。东东比其他孩子瘦弱,穿的衣服也比较旧。他在班上似乎不愿意与其他孩子打交道。一天在户外,我跟他打了招呼后便和他玩了起来,这次的合作玩耍拉近了我俩的关系。我通过班上老师得知他的家庭情况比较特殊,父亲去世,母亲改嫁,现在他跟着年迈的奶奶住,我在想他之所以这么内向也许是家庭环境造成的吧。

我的恩师曾经说过:"当今社会中儿童的心理健康是很容易被大家忽视的,特别是留守儿童的心理健康,我们更应该关注这类儿童。"这使得我在整个支教时间里都更加关注东东。在我支教快结束时,东东也从最初内敛的小男孩逐渐变成了能与同伴合作、敢于表达自己的人。

幼儿园里还有很多个"东东",是他们对爱的渴望让我在乡村幼儿教育这条道路上坚持着,我想帮助他们,让他们愉快地长大。

支教的一个月是刷新观念的一个月:在这里,我看到了乡村与城市教育间的差距,但我也看到了乡村孩子的真诚,他们对这个世界的好奇,以及探寻知识的愿望。在这里,我感受到了教育的"双向奔赴",感受到自己的付出是有回应的。

这是一个充满变革的时代,同样,也是一个伟大的时代,作为一名幼儿教师,我认为一个伟大时代的标配就是教育的进步,随着保教理念的更新,课程游戏化成了幼儿保教工作落实的创新方法,作为一名男幼儿教师,我希望通过高质量、充满个人魅力的保教工作来助力幼儿更好地发展。

展望未来:助推教育改革更要不忘初心

时代在变,幼儿教育的理念和方式也在变化,当前更强调"以幼儿为主体"的教育理念,课堂教学也从满堂灌变为鼓励幼儿自主探究,通过情境的营造,让幼儿产生学习的积极性,通过小组合作学习,形成全员参与的机制。

习近平总书记指出,建设教育强国是中华民族伟大复兴的基础工程,必须把教育事业放在优先位置,深化教育改革,加快教育现代化,办好人民满意的教育。作为幼儿教师，我倍感自豪，我也更加深刻地认识到，无论教育如何改革，作为教师都要不忘初心。

首先，我应当不忘立德树人的初心。作为幼儿教师，我会将师德建设和德育工作同步进行，更会将自身的师德建设贯穿于整个职业生涯，落实在日常工作中。

其次，我应当不忘钻研为本的初心。在教育改革的洪流中，除了坚守高尚师德之外，刻苦钻研也是教师最应具备的基本素质。为此，我会以幼儿为本，采取科学的教育、保育策略，以幼儿的兴趣激发为突破口，不断提升幼儿在各项活动中的积极性，努力挖掘幼儿的成长潜能，在轻松、愉悦的环境中让幼儿感受到学习的乐趣。

最后，我应当不忘反思提升。我经常反思自己的教学方式是否是幼儿所能接受的方式，我经常观看网上优秀教师的教学视频，做到与时俱进，用更有新意的上课方式吸引幼儿的注意力。

怀揣理想的守望

浙江师范大学儿童发展与教育学院　朱星羽

在我眼中，幼儿教师是一个平凡而又神圣的职业。每一位幼教工作者都在岗位上默默无闻地付出，他们肩负着儿童启蒙教育的重任。儿童是祖国的花朵，未来的希望，这也体现了幼儿教师这个职业的神圣与重要。

我选择学前教育这个专业是经过深思熟虑的。我的母亲是幼教工作者，所以我经常有机会去幼儿园参观、旁听幼儿教育课程。到后来，我也有了越来越多参与幼儿教育工作的实践机会，我的身份从最初的倾听者、陪伴者转变成了参与者。也正是在这耳濡目染下，我对幼儿教育这份职业产生了深深的认同感。

当然在此过程中，我也曾有过一些困惑。许多次，当我来到陌生的班级实习时，孩子们总会惊讶地看着我，或许在孩子们的潜意识中已经产生了"老师应该是女性"的观念。这种现象引起了我的思考：长期以来，幼儿教育从业者都以女性为主。这种现象在县级及以下的幼儿园中更是突出。受到传统观念的影响，幼儿园男教师经常会受到一些议论，甚至还有人会产生"幼儿教师就是保姆"这类错误的观念。

百年大计，幼教为根。不在幼儿时期给孩子们夯实基础，如何在未来破茧成蝶？我认为幼儿园男教师更应在其中扮演关键的角色。不管是在健康领域的教学中，平日晨间活动的锻炼中，还是在一日生活的各个环节中，男教师总是有着独特的魅力，其敢于冒险的精神与特有的安全感正是孩子们所渴求的，"顽皮"的他们可以更好地同孩子们"打"成一片，并且在计算机运用方面，男教师往往也是一把好手！这些男性教师特质搭配上女性教师的温柔细腻、认真严谨、善良耐心，两者相辅相成、相得益彰，能够更好地提升教学质量，帮助孩子们更加全面地成长！

如今回想我的工作经历，许多画面历历在目。多少回，我牵着孩子们的双手，爬上高高的滑梯，听着他们银铃般的笑声；多少次，我领着孩

子，带他们领略"童话世界"的神奇与梦幻……我相信，随着时代的发展，儿童观、游戏观、教育观会深入人心，越来越多的男孩子会加入幼师的大家庭，使幼教行业工作者的性别比例逐渐平衡，让孩子们享受到更加科学、全面的教育。这也是我选择幼教行业，选择加入幼儿教师队伍的初衷！

希望在未来的工作中，我能够践行学前教育的理论，为中国的学前教育事业贡献自己的一份力量！

幼儿园的校长

香港汉迪国际幼儿园　Kenji

My name is Arthur Kenji Noguchi and I am the principal at Kendall International Preschool. Before joining Kendall, I was the principal of an IB PYP school and a vice principal supervising two schools in Hong Kong and one in Shenzhen. I started my career as a teaching assistant at the age of 16. I had the immense privilege of working with inspiring teachers and principals who helped shape my philosophy of education.

As a school principal and educator, it is crucial to provide children with a solid foundation for learning and growth. My role is built upon the belief that children are inherently curious beings with an innate drive to explore the world around them, as espoused in Piaget's theory of cognitive development. I aim to cultivate this curiosity by providing enriching learning environments and experiences, mentoring children to think critically yet creatively,

幼儿园的男教师

nurturing their development holistically-cognitively, socially, emotionally and physically, according to Vygotsky's sociocultural theory.

Effective school leadership is key in empowering teachers through mentorship and professional development. With the support of an dynamic team, I strive to promote a lifelong love of learning in all students, which aligns with the Reggio Emilia approach. My goal is for children to develop into confident, caring, and internationally-minded individuals who can achieve their full potential, as inspired by the IB PYP framework.

我的名字叫野口健次，目前是香港汉迪国际幼儿园的校长。在加入汉迪国际幼儿园之前，我在香港和深圳的幼儿园里分别担任过校长或副校长，负责IB（国际文凭课程）和学校管理等工作。我16岁时以助教的身份开始了我的教育之路，也很有幸能和一群对教育充满热忱的老师和校长一起工作，他们为我树立了很好的榜样，激励着我在教育的路上一步步形成自己的教育理念。

作为校长和幼教工作者，为孩子们打好学习和成长的坚实基础至关重要。我的角色定位背后的信念是：儿童天生就充满好奇，具有探索世界的原动力，正如皮亚杰的认知发展理论所认为的那样。依据维果茨基的社会文化理论，我的目标是通过提供丰富的学习环境和经验来驱动这种好奇心，引导孩子们进行批判性和创造性思考，在认知、社交、情感和体能健康等方面获得全面发展。

通过指导和专业发展赋予教师权力是有效领导力的关键。在一个充满活力的团队的支持下，我努力促使所有学生都发展成为热爱终生学习的人，这与瑞吉欧·艾米里亚的方法理念一致。受IB PYP（国际文凭小学项目）的启发，我的目标是让孩子们发展成为自信、有爱心、具有国际视野和能够充分发挥潜力的人。

行稳致远护幼苗
进而有为育星光

山西省太原市育星幼儿园　梁俊文

梁俊文，中共党员，1979年出生，2002年走上教师岗位，先后获得山西省保教能手、山西省骨干教师、太原市保教标兵等荣誉，现任太原市育星幼儿园党支部书记、园长，他以"办有专业影响力的学前教育"为办园目标，提出"新时代　兴文化　心教育"的办园理念，带领团队以敢担当的干劲和善总结的韧劲，让园所发展迈向新台阶。

师者匠心，止于至善；师者如光，微以致远。

"谦虚的倾听者""有智慧的管理者""格局很大的人"……这是太原市育星幼儿园园长梁俊文在老师们心中的形象。二十余载，他始终坚守在育人岗位上，用爱心点燃生命，让"听党话、感党恩、跟党走"的信念成为自觉追求。

守立德树人之正，创自我革命之新

怎样把各种资源汇聚在一起，并以此助力幼儿园发展，是梁俊文园长经常思考的事。在梁俊文园长的带领下，育星团队编撰了《十年战略规划》《年度规划》《课程清单》《档案手册》《手书集》《跨时空反思》等手册，系统整合资源，减轻一线教师负担，做到人人都熟知工作规划。通过课程立项、教学评比活动等为不同老师搭建成长平台，使他们在忙碌中实现职业价值。

蓝图已绘就，你我怎么干？在"举众人之手，擎发展之天"的管理理念下，梁俊文园长带领教师队伍树立大课程观，以"园本课程持续优化"为主线，推动跨部门整合、跨领域审议、跨专业提升，将月主题与日专题配套融合，践行立德树人根本任务，以"一张蓝图绘到底"的定力和韧劲推动育星幼儿园教育高质量发展。

实践方能创新，育星幼儿园教师团队大步流星、一往无前迈上了自己的专业发展道路。

创真抓实干之正，创一心为民之新

理念是行动的先导。2021年5月，梁俊文园长来到育星幼儿园，看到一线保育教师每天工作时弯腰不下百次，他便下定决心想办法搭起餐梯。在他的努力下，食堂餐梯、自主设计的班级餐车很快被设计制作并投入使用，大幅提升了保育老师的职业幸福感。

为了让幼儿在游戏中快乐学习和成长，育星幼儿园开展了"一园一品"户外自主游戏专题项目研究。梁俊文园长还带领教师团队着手打造户外游戏场，如：户外沙水一体游戏区、户外种植区、多功能阳光房、养殖区、体能区等，促进幼儿全面发展。孩子们的那句口头禅——"我还想去玩"让辛苦工作的教师们倍感欣慰。

守学无止境之正，创专业素养之新

"教师这个职业，一定不是别人要你做什么，而是成为自己成长的

幼儿园的男教师

主人。"在梁俊文园长的号召下，学习成为一种生活方式，大家都坚定了"学习赢得未来"的成长路径。

为期三期、覆盖全园、持续三个百天的《大学》学习，点亮了育星人的成长之路。"修身、齐家、治国、平天下"深入人心，助力全园乘国学文化之风，行潜心育人之路。

知行合一，知很重要，但更重要的是行。他带领着班子成员争做疫情防控、防汛抗灾领头人；鼓励党员下沉社区成为"抗疫先锋"；慰问抗美援朝老兵和社区困难群众，主动帮扶同行园所，不断增强支部的战斗堡垒作用。

从春风化雨、春泥护花的一名教师，到刻苦学习、砥砺品格的一名管理者，再到授业解惑、培根铸魂的领导者，他在自己的岗位上发光发热，在"真刀真枪"的实干中做出一番成就。

梁俊文园长用爱和责任、青春和力量扛起使命与担当，创新管理模式，提升梯队建设水平，在学前教育发展这股浪潮中不断探索与进步，在追求卓越的道路上携手同行，一起向未来。

我与学前教育的十五年

——一位幼儿园男教师的初心之路

四川省成都市十一幼儿园 徐鹏

我不是学前教育专业"出身",在2008年之前,也从未想过自己会成为一名幼儿园教师。十五年前,当时的学前教育就业环境曾让我对是否从事这个职业产生过思想冲突。但如今走过十五年的学前教育从业之路,从一个洋溢着青春感的哥哥到现在越发成熟,培养"新秀"的叔叔,我始终怀揣着心中的热爱,坚守一颗初心。这一路,我也见证着学前教育的发展与变革。我为自己能在祖国学前教育事业发展路上守一份初心,尽一份薄力,深感荣幸。

作为一名幼师,能够在平凡的岗位上陪伴那么多孩子走过童年,为他们带去美好的回忆是一件无比幸福的事。十余年一线实践,十余年以爱育幼,我也在学前的沃土上生根发芽并逐渐在幼教领域中汲取营养,茁壮成长。回望自己的专业成长之路,扎根一线,挥洒青春,点滴小事也浸润着大大的幸福与感动。

一、小信条，大信念

我至今还记得，初为幼师的第一节课上，园长眼神温柔、语气坚定地笑着指导我，她将"师德、师行、师范"的种子传递到了我的心中。自那以后，我的教育生涯开始了，也是从那时开始，我心中点起了一盏灯，亮起了一束光。教学的过程也是求学的过程，和孩子们相伴成长的日日夜夜里，我将一句话放在案边，记在心里：和孩子们一起成为一个心里有爱，眼中有光的人。它成了我工作中的信条，成了教育时光中我念念不忘的信念。

我是幸福的，因为与孩子们相处的每一天，我都感受着温暖与情谊。在教育的路上越向前行，便越能感受到身为一名幼儿教师的幸福。我想能把自己的爱好与事业相结合，实属难得。为了提升教育素养，我在假期和工作之余自发学习专业知识，自主进修幼教课程。一本又一本手写笔记，一篇又一篇教育反思，见证着我专业水平的提升。我会把每一次与幼儿的活动都变成"爱的传递"，把每一次与幼儿的互动都变成"光的传播"。没想到，我心中的爱和眼里的光也储存在了孩子们的记忆中。

2021年4月，我到广州开展活动，在后台准备的时候，一个小女孩跑过来对我说："我见过你哦！"我心想："一个在成都，一个在广州，怎么可能见过呢？"小女孩继续看着我，更笃定地说了一句："对！我就是见过你！"这时候，女孩的老师走过来对我说："徐老师，您可能是忘了，两年前您到广州来做活动，就是和我们班的小朋友一起游戏的！那时候他们还是小班，现在已经是大班，就要毕业了！"我转过身问这个孩子："都两年了，你怎么会还记得我呢？"女孩说："因为你的眼里有光啊！"那一刹那，我眼里的光成了泪光，它们印证了我十余年紧紧"攥"着的初心。在平凡的日子里，是孩子们的爱，为我教育的时光洒下光芒。

二、小行动，大感动

幼儿园里有一个孩子由于先天原因植入了人造耳蜗，虽然在听觉上得到了恢复，但在语言发育上比起其他孩子却相对滞后。他上中班后，也逐渐形成了自我认知。一天早上做完早操清点人数时，我发现少了一个孩子。园所不大，放眼操场，却没有发现这个孩子的身影。那时的我，已是一名有多年带班经验的教师，对于哪些孩子当天到园，哪些孩子请假，哪些孩子生病，哪些孩子情绪不佳，定是了然于心的。我当即让另一位老师带其他幼儿回班，并开始仔细地寻找这个孩子。终于，我在圆筒形的滑梯里找到了他。那场景，我终生难忘。

孩子蜷缩在小小的空间中，大颗的眼泪从他脸上掉落下来，为了不哭出声音，他紧紧咬着袖套默默哭泣。一个四岁多的孩子，他的眼泪令我心疼。小小的滑梯，成了他暂时的避风港。我坐在滑梯口，把他抱在怀里，对他说："没事，可以哭的，我陪着你。"那一刻，他用小小的手抓着我的衣领，嚎啕大哭。后来，孩子告诉我，爸爸妈妈有了弟弟，他觉得是因为自己的不完美，才让爸爸妈妈想要一个更好的孩子。听着他的讲述，我的心和情绪也被牵动着，但多年的教育经验促使我找到了更专业的途径解决问题。经过与园长的沟通，我们下载了这段监控视频并请孩子的父母来到幼儿园。

当父母看到这段视频时，他们的眼泪一下子涌了出来。监控中，我静静地走向孩子，拥他入怀，用手轻轻地拍着他的背，走进他的世界，听着他的哭声。那是短暂却又漫长的一个小时，在那小小的滑梯上，曾有一位幼儿教师努力想要治愈一个孩子。也是从那天开始，我有了新的成长。

和我一样的幼儿教师还有很多。大家都在幼儿园中用自己的行动，帮助幼儿更好地成长，并通过行动塑造着阳光、积极、敬业的教师形象，在幼儿园中讲好一个个温暖又令人感动的故事，这一件件小事成了孩子童年最美好的守护力量。

三、小坚持，大坚守

人生总会有许多面临选择的十字路口。在从事幼儿教育的十五年岁月中，我也有过犹豫、彷徨，也曾面临着其他的事业选择和人生方向。

幼儿园的男教师

初为幼师时，长辈并不理解。"你要想好啊！以后就要为这些小朋友擦便喂饭，你就是个男保姆了！"

成为丈夫时，妻子鼓励转行。"你想想，现在你还年轻，还能唱唱跳跳，被称为哥哥，等你三四十岁的时候，还好意思在二十多岁的家长、老师面前学小猴子跳来跳去吗？"

中国人常把入学、择业、婚姻放在重要的位置。在前两件事上，我都曾面临抉择。常有老师问："你是靠什么坚持了十多年呢？"我也思考过这个问题，并得到了答案，那便是热爱，热爱可抵岁月漫长！对！就是这"热爱"二字，从我踏上学前教育道路的那年起，就陪在我的身边，鼓励我学习、陪伴我成长、推动我前行。"热爱"就是我十多年来不变的初心！这颗火热的、攒着能量的、跳动着的心，在我的怀里被照看着，被呵护着。

在千百行业，万千人群中，幼儿教师工作是那么平凡，但出于热爱我有了一盏点亮前方的"心灯"，成了一位坚守幼儿教育事业的男教师。

我希望和孩子们一起成为一个心里有爱，眼中有光的人。我热爱着我的事业，感激这十五年我所走过的路。我把青春装进了一本名叫"幼儿园"的纪念册中。未来，我会不忘初心，面朝光的方向坚定向前。

从台前到幕后再回台前

——幼儿园男教师的十年"归真"之途

浙江省杭州市余杭区良渚杭行幼儿园　吴智遥

> 教育梦,就是陪孩子慢慢长大,伴老师们渐渐成就。
>
> ——吴智遥

吴智遥,浙江师范大学2013届毕业生,现任杭州市余杭区良渚杭行幼儿园大班教研组长、大六班班主任。来到杭行幼儿园,他对李园长提出的唯一请求是:"在一线带班,和孩子们一起。"

见习记者、幼儿园一线教师、园长助理、民营幼儿教育研究院的研究员……过去十年,他进入过不同职业领域,角色转换,唯一不变的是跟"教育"息息相关。这些都是迈向和实现自己教育梦的不同经历。

吴老师说,他最喜欢王国维在《人间词话》中用三句宋词描述的治学"三境",而这十年时间,他从一线到幕后研究者再回归一线,也同样经历了"三境"。最后发现，其实自己真正想要的就是陪孩子们慢慢长大，伴老师们取得成就。

第一站，织梦

"昨夜西风凋碧树。独上高楼，望尽天涯路。"

"琴棋书画样样学习，生理、心理专业处处涉猎。"这是当时他对幼师专业的第一印象。当周围的男同学都选择金融、建筑、化工、材料等专业时，作为理科生的他却决定不走寻常路，坚定不移地选择了一个男生很少会选择的专业——学前教育专业。可是现实并不会如此简单，逐渐地，他开始有些"水土不服"。作为班级唯二的男生之一，学前教育专业中屈指可数的"大熊猫"，他在受到优待的同时也得到了更多的关注，烦恼接踵而来：从没接触过钢琴等乐器的手指笨拙不堪，芭蕾舞课上痛苦地压腿（幸好后来学校根据男生的特点对专业课进行了优化，男生可以选修跆拳道、轮滑等课程）……当时周围还有很多对行业不解的声音，男保姆、男阿姨等称呼之风也常常会刮到耳边。

专业课程中的"碰壁"，以及社会的世俗眼光，让他开始动摇自己的"梦想"，第一次做了逃兵：在毕业前夕，去了电视台、报社实习，准备在毕业后做一名记者。

遇见名师，聆听他们的教育故事；遇见优秀的学子，了解他们背后的家庭故事和父母的教育经验；遇见为学区房和孩子上学名额奔波的父母，深刻感受到教育资源不均衡给每个家庭带来的影响……这段经历是他幼教之路上的奠基石，为他的教育理想打开了一扇窗，当然，也让他看到了现有教育的一些短板与不足——需要教师和教育行政人员去努力改变的地方。这一切让他重拾了对"教育"的兴趣，同时更坚定了他继续在幼儿教育道路上前行的脚步。

吴老师在与报社签订就业意向书的前一晚辗转难眠，几经挣扎之后，他毅然决定放弃了报社的录取通知书。而后他参加了考编，并很快成了孩子们的"偶像"和最好的玩伴。孩子们都喜欢叫他"哥哥老师"。

第二站，捕梦

"衣带渐宽终不悔，为伊消得人憔悴。"

成为一名正式的幼教人之后，吴老师凭借在行业内的性别特征和自己努力、认真的工作态度，乘着拱墅区教育局关于深度推进"幼儿园阳刚教育"的东风，不断成长，不断收获。在领导和教研员的指导、支持下，在其他同事的帮助下，吴老师的论文、案例在区、市纷纷获奖，个人职务也从团支书一跃成为园区主任和园长助理。在日常工作中，他还负责组织区级幼儿园男教师工作室的常规工作。这是他成长最快的三年。

记者采访、G20维稳先进个人、区级优秀教师等荣誉表彰纷至沓来，同时主持全国幼儿园男教师专业发展学术研讨会，这一切对于一个工作不到五年的教师来说是高光时刻。但是每到夜深人静的时候，他总在思考：我的教育梦究竟是什么？我是不是离孩子越来越远了？对孩子的愧疚越来越深，感觉自己很久没有对教育本质进行思考了。

彼时，时任拱墅区教育局局长的一席话，似乎让吴老师的浮躁的心沉下来了。"男教师要成长，必须丰富自己的内涵，在专业上形成自己的特色。"局长觉得，要"不靠颜值，靠本事"，幼儿园男教师在一、二线城市已经不再是"稀有动物"了，褪去性别特征，幼儿园男教师的成长应该更加精锐化，从外在的发展延伸至个人内涵的提升。

一次偶然的机会，吴老师涉足了校企业合作的圈子。期间有幸遇见了一位师承加德纳的国际幼教专家、一位大学教授和几位高学历的学弟、学妹，他们志同道合，一拍即合，希望融合高校资源、教育局的优势，借助幼儿园实践基地以及民营资本的支持，在学前教育领域做一件具有创造性的事情。就这样，吴老师辞掉了外人眼中的"铁饭碗"。彼时，他的周遭又响起了不解的议论声，这一次，不再是因为社会层面对"幼儿园男教师"的偏见，而是因为他放弃"编制"去"创业"。但只有吴老师自己清楚，这样"纯粹"地做教育，一心一意做自己喜欢的事情，只为"捕梦"。在做研究员期间，他享受和各位专家之间的深度对话，和同事

幼儿园的男教师

互动过程中对教育理念、教育方法的碰撞，沉浸在课程研发和教学科研中，完全忘记了远在他乡，完全不在意从早上7点工作到晚上11点，满脑子都是课程和教学。一边是对教育著作、幼儿园课程的研究学习，另一边是和伙伴们一起研发课程并在一线亲自试教，反复研磨……2019年年底新冠疫情突如其来，这一年他初为人父，但在疫情面前，除了自己的孩子，他更牵挂实践园的孩子隔离在家的生活。他一边哄着自己的娃，一边为班上的孩子安排在家游戏和学习的素材。期间他多任务在身——编导工作、教研工作、视频录制、教学资源整合、直播互动……与同伴倾心打造了"空中幼儿园"。

第三站，圆梦

"众里寻他千百度，蓦然回首，那人却在，灯火阑珊处。"

逐梦的路往往不会一帆风顺。吴老师团队的凝聚力在一次大环境的变故和企业内部组织架构的调整中被破坏了，他的教育"逐梦之旅"也随之被迫暂停。学前教育机构禁止上市的政策、断崖式下降的人口出生率、新冠疫情对经济的重创等因素让之前的努力付之东流。一面是团队人员丢失的信心，另一面是课程与园所文化、教师能力水平之间的断层——当时忽视了不同园所在地域、文化、师资水平之间的差异。最后，团队散了。而此刻的吴老师对自己的"教育梦"有了新的反思和更深刻的认识。一个课程，无论顶层设计多么完美，有多少理论支撑和专家学者的背书，如果缺乏来自一线的经验，那么就是不接地气，很难落地的。另外，课程园本化是一个漫长而艰巨的过程，只有教师全过程参与才能真正实现课程目标。

于是，吴老师又放弃了奋斗四年的中级研究员身份，来到滨江的一所公立幼儿园，做一名一线带班教师，并参与幼儿园特色课程的设计与实践。又是一次偶然的机会，他考到了余杭区，进入了良渚杭行幼儿园。从没有做过教研组长的他接过李园长交待的重任，成了中班年段的教研组长。在担任教研组长期间，吴老师对这个角色有了新的认识和体会，并更加明晰了自己的教育理想：致力于幼儿教育的同时，能够带着教师们一起在专业上有所成长、有所成就，也是一件令人欣喜的事情。吴老师和他的同事曾用一年多时间对自主游戏展开持续的教研活动。在反复观察、解读、分析和推进幼儿自主游戏的过程中，他们逐渐摸索到了教师支持幼儿自主游戏的途径。

凭借课程研发和实践经验，吴老师在组织教研活动时努力帮助教师们直面在教育教学过程中遇到的问题，帮助他们突破"忙"与"乱"的困境。下一步，吴老师将继续努力，通过自己的教研去改变当前幼儿教师无限扩大教研活动外延的现状。比如，教师们把大量的幼儿园活动、小型体育类比赛、自我服务能力比赛、专用活动室的创建和维护、公共环境的创设、亲子活动策划等都纳入教研活动范畴，而真正用于教育教学研究的时间相对较少。从而让教师们真正认识教研，明白"教研应该做什么"。

"做教育最有意思的地方就是不确定性。每一个孩子都是独特的个体，但是在学校、家庭、社会的共同影响下，他们会沿着不同的轨迹发展。任何一个变量，都可能会有不同的结果。"吴老师觉得教育就像开盲盒，又好像玩排列组合游戏，不一样的家庭、不一样的孩子遇上不一样的老师，在不一样的课程体验中，每个个体都能成为更好的自己，这样的事情非常有意思，"其实教育很简单，就是帮助孩子们学会解决在一生中遇到的各种问题。而教研就是引导教师们去解决在教育教学中遇见的各种问题。"

因为热爱，所以坚持。从"哥哥老师"到"老师爸爸"，唯一不变的是吴老师对孩子的那份爱与责任。

坚守初心　绘就匠心

浙江省丽水市龙泉市江南幼儿园　郑裕江

我叫郑裕江，中共党员，龙泉市江南幼儿园园长，一级教师，丽水市学科带头人。

我出生在浙江龙泉，一座因剑得名、凭瓷生辉的历史文化名城。匠心独具泥承梦，千峰翠色入瓷来。我很喜欢家乡的青瓷，一是欣羡青瓷匠人们追求细致、精致、极致的匠心精神，二是着迷于青瓷虽出于烈火之窑却仍旧饱含温润如玉、深沉馥郁的气质。它们仿佛是我逐梦路上的航标灯，总能在我迷茫不知所措时为我指明方向。

回首过往，作为一名幼儿园男教师，我已经在幼教岗位上走过九个春秋，时间告诉了我在传道授业的道路上应该坚守什么，答案就是"匠心"。于我而言，我既希望孩子们能够在学习生活中保持天真和童趣，又渴望将龙泉独有的文化精神内涵渗透到教学过程中，让孩子们能够像龙泉青瓷一般静谧儒雅、落落大方。

我的故事不长，因有孩子们而丰富多彩……

一、埋下匠心种子

我与幼儿教师这个职业冥冥之中是有缘分的。犹记得十多年前，一位来家中做客的叔叔在谈及自己外孙女在幼儿园的生活时，非常自然地说了一句："哎呀，幼儿园老师不就是带孩子的吗，这样轻松的工作我都能干哩！"我听了，心里很不赞同，而且非常笃定这是一个错误的刻板印象，但那时的我却不知道如何反驳。

这个场景，在之后的许多年时常在我的脑海里浮现。直到有一天，我在央视新闻看到了四川大凉山的孩子上学爬"天梯"的一幕，这一幕霎时间震撼了我的心，深埋在我心中的从事教育工作的种子在这一刻破土萌芽。终于，在2010年9月我正式成为一名学前教育专业的学生，迎接我的是满满的课表、学不完的技能和做不完的作业。从那时起，我开始明白要想成为一名专业的幼儿教师，不仅需要学习大家所熟知的各种技能——声乐、钢琴、舞蹈等，更需要理解幼儿和其他年龄段孩子的不同之处，并采取适当、有效的方式去支持孩子们的成长。每当周末其他朋友在到处游玩时，我依然辗转于各个阶梯教室，学习一节又一节专业理论知识。课后还要和同学们抢琴房，练习一首又一首钢琴曲子。虽然专业学习的日子很枯燥，但随着一本本课堂笔记的填满，我知道了，原来孩子们有着自己独特的学习方式，原来他们每个异常行为的背后都有着各种各样被我们忽视的原因。

我想，对于在学校学习的我来说，初心就是想更了解孩子，更好地陪伴他们一起成长。

二、浇灌初心信念

2021年9月，我来到龙泉市江南幼儿园，开始负责幼儿园的教育教学工作。从带班教师到负责园所的教育教学工作，于我而言是一个转折点，也是我职业生涯中的新起点，让我能够站在不同的角度去看待学前教育。在江南幼儿园的两年时间里，我慢慢扎根，和这里的老师一起努力，一起成长，一起收获荣誉，时间的更迭让我更加坚定了教书育人的初心，同时也更加明白教师的成长是幼儿园发展的不竭动力。

幼儿园里的事情很繁杂，在日复一日的工作中，很多教师都会产生倦怠感，导致教学模式机械化、教育教学方法与幼儿现有发展情况脱节，慢慢地就忘记了自己当初为何走进教室。而我作为幼儿园的业务副园长，不仅要提升自身的能力素养，更要带领教师们团结一致，共同提升与进步。对于我而言，我希望和教师们一起风雨兼程、不忘来时路，一起坚守自己的初心，在日复一日的工作中发挥自己的价值。

在江南幼儿园，我们坚持"和孩子一起过生活"的理念，在教研活动中，我和教师们一起交流工作中的困惑，舒缓自己的情绪，让教师们在工作中也不忘好好享受生活，体会生活中的美好。很多时候，你会看到夜幕下的幼儿园灯火通明。此时我和老师们正针对一个提问进行反复修改与

调整:"我觉得这句话不能这么说,要简单明了一些,不能给孩子们过多的信息……"如果你看到我们在一堆材料面前反复尝试,那一定是我们在寻找最适合幼儿探索的材料。

在每一次课程评比和外出展示中,我和老师们都倾尽全力、精心准备,总想用最好的状态去迎接每一次挑战。还记得2022年11月的丽水市教师技能比赛,园里有3名教师代表龙泉市参赛。赛前我们针对比赛内容每天都在探讨,每天都在尝试,甚至为了更好地呈现一张图片,不断调整PPT的排版与文字以及每一帧动画效果,调整每一次切换的时机。最终,我们取得了两个一等奖、一个二等奖。那个时候我更加深刻地理解了"一个人可以走得很快,一群人可以走得很远"这句话的含义。

我想,对于这个时候的我来说,初心就是花更多的时间和耐心去教育孩子们,和教师们共同成长,把简单的事情重复做,做到极致。就像青瓷一样在上千摄氏度的高温中反复磨炼,终成大器。

三、汲取瓷韵剑气

历经千年的沉淀,龙泉这片大地孕育诞生了独有的剑瓷文化。对于这片生我养我的土地,我在理解、感受剑瓷文化的同时,更想唤醒孩子们骨子里与生俱来的剑瓷文化基因密码。

近年来,恰逢浙江省大力发展幼儿园园本课程建设的时机,初建的幼儿园需要建构怎样的园本课程成为我们首先需要解决的问题。"龙泉这么多幼儿园,怎么没有关于本地文化的园本课程呢?"评估专家的一句话点醒了我们。于是我暗暗下定决心,要打造一个具有龙泉辨识度的园本课程,将龙泉所特有的"剑瓷文化"融入幼儿园的园本课程中,让孩子们在"走龙泉、看龙泉、享龙泉"中感受龙泉乡土文化魅力。

"老师,你知道为什么龙泉青瓷有哥窑和弟窑吗?""老师,你知道华严塔的故事吗?"……带着孩子们的问题,我和老师们开始重新审视龙泉的风土人情,一起走进龙泉宝剑厂,感悟宝剑的千锤百炼;一起走进青瓷博物馆,领略青瓷的传说与制作工艺;一起走进西街老街,感受手工艺人的坚守与传承。经过我们两年的实践与探索，《剑瓷之韵·幸福江南》的园本课程已经初具模型，并成功入选了第三届丽水市幼儿园精品课程。

我想，对于这个阶段的自己，我的初心就是以自己的专业所长和更多的幼儿教师一起为了幼教事业不断努力。

回望自己踏进幼教行业的十余年，每个阶段我都会问自己："我的初心是什么？"每次的答案都一样——起点和终点都是"热爱"。对于这份热爱，我一直努力探寻青瓷工匠们代代相传的"极致匠心"精神中蕴含的深意，用心、用情去镌刻出幼教事业最美的初心模样。因为初心，我们有信仰；因为初心，我们更努力；因为初心，我们一直在路上。但最重要的是，我喜欢和孩子们在一起。

长大后我要成为你

浙江省湖州艺术与设计学校　卢一鸣

"幼儿如幼苗，必须培养得宜，方能发芽滋长。"

——陶行知

一、缘起——长大后我要成为你

　　小时候，刚上幼儿园的我每天只要走到幼儿园门口，想到要和妈妈分开，而且是整整一天，我就忍不住大哭。每当这时，老师就会走过来安慰我，把我从妈妈手里接过去，有时候甚至直接抱走。我依然大哭，不依不从。这样的哭闹大概持续了很久，直到我们班来了一个年轻的老师。那天早晨，如往常一样，我刚到幼儿园门口就开始大哭，从牵着妈妈的手变成紧紧地拽住妈妈的手。这次走来的就是这位温柔的新老师。她也是我在幼儿园生活的转折。她走过来，并不像其他老师那样着急地把我从妈妈手里接过去，而是朝我笑了笑，蹲下身子，给了我一个大大的拥抱，然后她拍拍我，对我说："宝贝，我是王老师，我今天第一次到这里，你愿意带我参观一下你的幼儿园吗？"要我带着老师参观，这么有趣的工作谁不愿意呢！现在回想起来，我就是从那一刻起开始接受这个新老师的，期待每天进校门见到她，听她讲故事，牵着她的手唱儿歌、做游戏，享受她每天大大的拥抱……幼儿园三年，我从胆小变得独立、勇敢。我一天天成长，在我幼小的心灵里就播下了一颗小小的种子——长大以后我要成为你，成为和你一样可以被孩子接纳的幸福的老师。

二、如愿——长大后我成了你

随着年龄的增长，我会特别关注一些幼儿教育方面的信息，我看见有些地市的幼儿园里出现了幼儿园男教师的身影，而且颇受家长和孩子的欢迎，这更加坚定了我要成为一名幼儿教师的决心。于是我与家里人沟通，希望初中毕业后能到湖州艺术与设计学校学前教育专业学习。起初爷爷奶奶十分反对。"小伙子干什么不好？要去当幼儿教师！说出去不怕被笑话？""再说，你成绩好，放着好好的普高不上，非要去上职高？"我耐心地解释："学前教育专业是很有前途的。现在所有家庭都更注重孩子的教育，孩子的教育从什么时候开始？就从我们学前教育开始。今天呈现在你们面前的你们认为优秀的一鸣，当年不正是因为受到幼儿园王老师的影响才成为今天这样的吗？而且目前大多数幼儿园的老师都是女性，我认为幼儿园也像一个家庭，一个家庭里既有爸爸角色，也有妈妈角色，那么幼儿园也应该既有女老师又有男老师。这样孩子就有了'阳刚力量'，就有了看待问题、处理问题的'男性角度'。"在我的不断劝说下，爷爷终于点头同意了。中考后我以高于普高分数线的成绩顺利考入了湖州艺术与设计学校学前教育专业。

但在我真正进入学前教育专业学习后，我才知道：除了要学习普高的文化课外，还要学习钢琴、舞蹈、素描、声乐、视唱、普通话等专业课程；整个班级有着非常明显的性别差异——全班只有两名男生。起初，我不适应这样的学习生活。也许是性别原因，我在舞蹈、素描等方面的天赋和基础都不如女同学，特别是舞蹈。舞蹈课是男女生一起上的，分两批，我又恰好和班级另外一位男生分在不同批。课上，老师要求同学们两两一组，互相压肩。大家都去找人组队了，只留下我一人愣在原地，不知所措，总觉得和女生一组太尴尬，那段时间的舞蹈课我都是浑水摸鱼，这开始与我的愿望背道而驰了。于是我开始积极调整，主动和同学换了上课批次，和班里另外一个男生一起上舞蹈课。各专业课上，我认真听讲，课后积极练习，一个学期下来，我的舞蹈成绩有了很大进步，其他专业课成绩也有所进步，不仅当上了副班长，还第一次走上舞台，主持了许多校内的大型活动，深得老师和同学的喜爱。我学会了许多新知识、新技能，也在一次次实践活动中得到了锻炼，从曾经的内向、羞涩、懵懂，逐渐变得外向、活泼、开朗，一切都在往更好的方向发展。

三、展望——长大后我想成为更好的你

儿童是国家的未来、民族的希望、世界的明天。因此，关注儿童发展，关注儿童个人全面发展，放眼世界，放眼未来尤为关键。通过专业学习，我想我需要首先明确以儿童发展为中心的教育理念，深入了解儿童发展的重要性。在实践中做儿童的倾听者，走进他们的内心；富有创造力地设计丰富多彩的活动，关注儿童的探索欲和创造力的培养，让儿童在实践中学习、思考和创新，培养他们独立思考和解决问题的能力。还要培养儿童面向未来的能力，引导儿童思考未来，使他们有未来意识和全球视野。当然，值得关注的还有儿童的个人全面发展，除了学习，我们还需注重培养儿童艺术、体育等方面的才能和兴趣，通过多样化的活动，让儿童有机会展现自己的才华，促进儿童德、智、体、美、劳全面发展。

机缘巧合之下，我有幸见到了学前教育领域的专家老师，聆听了许多关于幼教的前沿理论和观点，幼儿心理理论、幼儿语言发展理论、幼儿实验……这无疑给我打开了一扇新的大门，为我的学习指明了方向，为我未来的成长提供了支持。

不久的将来，我将成为一名幼儿教师，一名幼儿园男教师，一名承

担着健全儿童人格、促进他们健康成长的责任的男教师。在这条道路上，我将坚定自己的信念，不断学习和增加自己的知识与技能，提升自己的教育水平与影响力，为儿童的成长和发展埋下一粒又一粒希望的小种子，为孩子们实现一个又一个小小的愿望打下坚实的基础，为我们国家的幼教事业贡献自己的一份力量。

悦见更好的自己
做有故事的老师

浙江省嘉兴市海盐县六一幼儿园　陈阁翡

我叫陈阁翡,中共党员,高级教师,现任海盐县六一幼儿园支部书记、园长。曾获市教科研成果评比一等奖、市教学评比二等奖、县优质课评比一等奖,发表论文70余篇,承担省、市、县级公开课15次,进行各级各类讲座或经验交流30余次。个人获得了嘉兴市教坛新秀、嘉兴市教改之星、海盐县名师、海盐县先进教育工作者、海盐县先进教师等称号。

一、故事的缘起

1999年,我在欣喜地收到普高录取通知书的同时,从心底问自己:"我到底喜欢什么?将来要干什么?"因为我从小就喜欢做孩子王,喜欢跟孩子们在一起。经过了近一个月的深思熟虑后,我决定听从内心的声音,放弃了普高入学资格,踏入了幼儿教育专业的大门,从此开始了我五年的幼儿教育学习之路,并于2004年从浙江师范大学杭州幼儿师范学院毕业,来到海盐县机关幼儿园工作。

二、故事的发展

故事一:叙述专业成长的幸福故事

在幼儿园的前三年,一个班有45个孩子,现在看来有些"不可思议",可在当时却是"家常便饭"。所幸的是,早在2004年,我所在的幼儿园就实行了分组活动,两位老师同时进班分组开展教学,让我有了更多走近每一位孩子,与每一位孩子交流、互动的机会。同时,幼儿园扎实的教研活动、每周的"集体备课",让我养成了严谨对待每一次活动的习惯。每一次组织活动都用心、每一次与孩子对话都入心,渐渐地,"研究儿童"不知不觉地成了我工作、学习与生活的一部分,认真对待每一次教学反思、每一次案例分析,成了我的习惯。2005年,在工作的第二个年头,我拿到了人生中第一张论文获奖证书。当我从业务园长手中接过证书的时候,我的专业自信油然而生,自此也开始了我的研究之路。2009年至2019年的十年间,围绕幼儿园以运动游戏为主的办园特色,我先后完成了1项浙江省教研课题、4项嘉兴市级课题、9项海盐县级课题的立项研究。多项研究成果获奖,其中嘉兴市三等奖3项、海盐县一等奖1项、海盐县二等奖1项、海盐县三等奖4项。发表相关论文3篇,省级获奖论文7篇,市级获奖论文14篇。同时,我努力将研究成果转化为教学实践,在各级各类展示活动中公开亮相,先后承担浙江省级公开课1次、嘉兴市级公开课4次、海盐县级公开课10次。专业发展之路是艰辛的,也是幸福的。我于2009年担任幼儿园工会主席,2010年任总务副主任,

2012年任总务主任，2014年任副园长，2016年晋升为高级教师。

故事二：描绘儿童立场的自然故事

2019年，我调任海盐县武原中心幼儿园园长。

基于幼儿园的地理位置、校园环境、课程基础以及师幼情况，我提出了"给儿童一个自然的童年"的课程理念，在嘉兴市规划课题《寻趣自然：园本课程"四层推进"策略研究》和《寻·玩·创：自然教育课程园本化实施路径研究》的研究实施过程中，推动了"寻趣自然"的课程园本化研究。以"寻趣"为导向，从儿童的视角发现学习内容，以儿童的方式实施课程，支持以幼儿为主体的观察、体验、探究与创造，让幼儿感受、发现、实践、探究、想象、表现自然之趣。

通过两年的深入研究，幼儿园确立了"做以儿童为本的自然教育"这个基本理念，明确了"让儿童在亲历中'寻趣自然'"这个行动方向，创生了"通感观察、亲历体验、探秘寻根、畅想衍意"四条实践路径。

通过与基础课程有效链接的"融合化课程"，寻访四季、寻趣创玩的"项目化课程"，自然十六事（农耕劳作、护生圆梦、野玩趣探、自然手作）的"专门化课程"，一平方生态角、四季庆典、自然之声等"综合化课程"的实施，让课程真正通向儿童，让儿童在亲历中寻趣与发展。

故事三：浸润悦向成长的快乐故事

2021年，我调任海盐县六一幼儿园园长。

这一年，是六一幼儿园发展史上具有里程碑意义的一年。"游居"或"蜗居"办园三十年的历史，在这一年宣告结束，占地18亩的新园区开工建设，幼儿园的发展也迎来了新的机遇。面对这样的发展机遇，我带领全园教师思考：为什么这是一个以"六一"命名的幼儿园？"六一"命名的幼儿园最显著的特质应该是什么？在头脑风暴下，全体教师凝聚智慧，明确幼儿园要做的就是传承"六一"节的快乐精神，让人想到"六一"，就想到快乐。因此，我们将办园理念定位为：快乐·童年，最美的样子。"快乐"即玩中乐、学中乐、乐中长。这是一种自然而然的喜悦感受，也是幼儿园"悦文化"的由来。

我提出幼儿园要立足于以幼儿为本，让幼儿悦享成长，不仅要关注幼儿当前的成长，更要着眼于幼儿未来的可持续发展，真正实现办园宗旨："悦"见更好的自己，办有故事的幼儿园。一所有故事的幼儿园，指向的是儿童和教师"喜悦"地成长，教师怀揣"心中有爱，眼里有光，脚下有远方"的教育情怀，"悦"见更好的自己。

故事四：打造"悦境其中"的环境故事

借助幼儿园的新建，我们根据幼儿园的课程特色、文化特点、省一级幼儿园要求，从整体布局到细节安排，使新建后的幼儿园环境现代化、教育化、儿童化，设备丰富、互动性强、操作性强，更体现了幼儿园"一庭一景、一室一品、一墙一育、一角一色"的环境特色。

一庭一景：根据幼儿自主游戏的特点，幼儿园户外形成了既有现代风的运动区域，又有自然生态的游戏场，更有独特景致的十多个游戏区域，让全园的孩子都能进行户外游戏。

一室一品：除了每个班各不相同的环境风格外，还有可爱的娃娃家小厨房、别具一格的绘本馆、多元化的艺术创意室、现代化的科探室等，在二楼、三楼大型平台创设了角色游戏和建构游戏中心，给幼儿在园的生活、学习提供了优越的环境。

一墙一育：让每一面墙和儿童"对话"，供儿童游戏，涂鸦墙、运动墙、童言墙等，给幼儿带来更加丰富的体验，让幼儿随时随地可以与环境互动。

一角一色：通过"悦爱小主人、悦动小达人、悦读小慧人、悦玩小能人、悦思小牛人、悦美小艺人"六个幼儿自主评价，呈现幼儿在活动、游戏中的计划、故事，记录幼儿成长的过程。

故事五：锻造"悦思同行"的教研故事

我一直倡导"我是儿童研究者"的研修思路，让研修活动成为提升教师专业性的主阵地，针对教师在教研中不愿讲、被动讲的"我不在场"现象，我提出并实施"在场研修"。以"在场研修"来调动所有老师主动思考、主动参与的积极性，主张"研修就如同游戏一般好玩"，发挥每位教师的主场意识，凸显教师的共鸣表达和共情协作。"在场研修"让教师敢于思考、乐于思考，表现得更为大胆，发挥得更为淋漓尽致，乐于表达、乐于辨析的理念也更为深入人心。在与幼儿、与游戏、与课程的共场中，教师们突破了固有的"思维定势"，实现了在场研修的"经验复盘"，每一位老师都"乐研、敢研、共研"，充满生命力。两年来，幼儿园先后培养出市级教坛新秀1人、县级优秀班主任和十佳班主任2人，健康领域教研组获得2022年度嘉兴市先进教研组。

故事六：架构"悦向成长"的课程故事

在"一园一品"的校园文化建设中，幼儿园曾以绘本为切入口，形成1.0版本的"绘本特色活动"，尝试在幼儿园一日活动中渗透常态化的绘本阅读活动。并在"课程园本化"的推动发展中，将绘本教育融入课程或基于绘本的大型活动中，构建了2.0版本的"阅读项目活动"。

在此基础上，我带领团队进行再梳理、再提炼，重新审视对"阅"的理解，将"阅"视为儿童成长的经历与阅历，将"阅"理解为幼儿经验的建构、叠加与能力的提升过程，将"让幼儿站在课程中央"的理念落地，以全纳、深度融合的方式，逐渐形成了以"悦生活、阅自然、跃创想、乐成长"为主要版块，以"悦绘主题活动、悦慧项目活动、悦汇研学活动"为实施途径的"悦成长"课程框架。

实现了课程从"阅"向"悦"的蝶变，让"悦成长"课程不再是独立的版块，而是富有生长的立体课程。实现了课程从"点"向"面"的转变，"好玩"成为课程行进的主色调。实现了课程从"浅"入"深"的渗透，立足于"玩是最好的教育"理念，让游戏成为孩子深度学习的一种成长方式，孩子们在酣畅淋漓的"玩"中，教师有了更多观察和解读游戏的视角，有了回应并支持策略实施的从容和坚定，也彰显了游戏不可思议的魅力。在这一路陪伴孩子成长、打磨课程的过程中，我主持的课题成果获得嘉兴市一等奖，相关课题纷纷取得各级立项。

三、故事的延续

十九年的坚守，对于一位幼儿园男教师来说是不易的，但同时也是顺理成章的。初心与坚守，都是为了遇见更好的自己，不断演绎出更多来自师幼互动的精彩故事，不断在这里，向未来，走向卓"越"！

图书在版编目（CIP）数据

幼儿园的男教师 / 董文明主编；杨勇，张恒副主编. -- 杭州：浙江教育出版社，2023.11
 ISBN 978-7-5722-6975-2

Ⅰ. ①幼… Ⅱ. ①董… ②杨… ③张… Ⅲ. ①幼教人员—师资培养—研究 Ⅳ. ①G615

中国国家版本馆CIP数据核字(2023)第242424号

幼儿园的男教师
YOUERYUAN DE NANJIAOSHI

主编/董文明　　副主编/杨勇　张恒

策划、统筹：董　莉　滕建红	责任编辑：杨　楠　周慧敏
美术编辑：韩　波　张曲如	责任校对：陈阿倩
封面设计：潘　洋	责任印务：曹雨辰

出版发行	浙江教育出版社
	（杭州市天目山路40号　电话：0571-85170300-80928）
图文制作	杭州万方图书有限公司
印　　刷	杭州恒力通印务有限公司
开　　本	787mm×1092mm　1/16　印　张：15.25　字　数：305 000
版　　次	2023年11月第1版　印　次：2023年11月第1次印刷
标准书号	ISBN 978-7-5722-6975-2
定　　价	68.00元

如发现印装质量问题，影响阅读，请与本社市场营销部联系调换。
电话：0571-88909719